CONCEBIR CON CONCIENCIA

PATRICIA BARTOLOMÉ

www.guiafertilidad.guiaburros.es

Diseño de cubierta: ©Andrea Fernández Rodríguez (EDITATUM)
Maquetación de interior: © EDITATUM

Primera edición:

ISBN:
Depósito legal:

IMPRESO EN ESPAÑA/ PRINTED IN SPAIN

Si después de leer este libro, lo ha considerado como útil e interesante, le agradeceríamos que hiciera sobre él una **reseña honesta en Amazon** y nos enviara un e-mail a **opiniones@guiaburros.es** para poder, desde la editorial, enviarle **como regalo otro libro de nuestra colección.**

Agradecimientos

Gracias a la vida, que me ha dado tanto y me sigue dando.

Igual que a ti. Sé consciente de ello ahora, siéntelo y agradece.

Dedicado a todas las almas que un día pasaron por aquí, a las que están viviendo ahora este gran reto de ser o no ser padres en esta experiencia terrenal, y a las que antes o después vendrán.

Sobre la autora

 **Patricia Bartolomé** es ingeniera y una incansable investigadora del funcionamiento del ser humano, motivada por su mentalidad científica y la búsqueda de soluciones a sus propias experiencias personales. Es experta en meditación, técnicas de relajación y visualización creativa; así como maestra Reiki, polarizadora, psicobioterapeuta y terapeuta transgeneracional.

En los últimos veinte años se ha dedicado a estudiar y comprobar los efectos de los pensamientos, las emociones y la energía en nuestra biología, la unión inseparable de estas cuatro partes que forman el ser humano.

Asesora y acompaña en sus mentorías y formaciones a personas con problemas diversos; entre ellos, todos los relacionados con la infertilidad. Creadora del método Las leyes de la fertilidad, ha escrito varios libros sobre el tema, además de dar conferencias e impartir cursos en los que enseña cómo conseguir el objetivo de ser madre y a recuperar el poder creador. Colabora con diversos especialistas de renombre, nutricionistas, ginecólogos, o matronas entre otros.

Patricia ha probado y comprobado en ella misma todo lo que aplica y enseña. Ha ayudado a miles de personas a transformar sus vidas, y en los últimos años, el 100% de las mujeres que han seguido su método aseguran haber experimentado una transformación única.

Índice

Nota a los lectores

La publicación de esta obra puede estar sujeta a futuras correcciones y ampliaciones por parte del autor. Son de su responsabilidad las opiniones e ideas que en ella se exponen. Su intención es ofrecer material útil e informativo sobre el tema tratado. Las estrategias señaladas en este libro pueden no ser apropiadas para todos los individuos y no se garantiza que de ellas se obtenga ningún resultado en particular. Las técnicas y métodos aquí indicados son un acercamiento al problema o a la enfermedad que no reemplazan a una consulta de cualquier profesional de la salud. Los ejercicios propuestos no sustituyen la praxis ni las prescripciones médicas. No es ningún tratamiento, sino una forma de observar (no de diagnosticar) la infertilidad. No es ninguna promesa de sanación definitiva, no es una verdad absoluta ni una certidumbre, como a veces tampoco lo es la medicina.

El autor, el editor, la imprenta y todas las partes implicadas niegan específicamente cualquier responsabilidad por daños, pérdidas o riesgos, personales o de otro tipo, en que se incurra como consecuencia, directa o indirecta, del uso y aplicación de cualquier contenido del libro. Trabajamos con un campo de hipótesis que complementan cualquier otro proceso y que tienen en cuenta todos los aspectos del ser humano, de manera holística. Solo la persona que lo practica puede confirmar sus resultados. ¡No creas nada! ¡Experiméntalo y saca tus propias conclusiones!

Prólogo

Cuando Patricia me propuso hacer el prólogo de su nuevo libro tuve dos sensaciones muy contradictorias. Por un lado, me sentí muy honrada porque contara conmigo pero, por otro lado, me embargó una sensación de desconcierto por el hecho de no ser madre, con la que tuve que lidiar durante bastantes días hasta enfrentarme a la hoja en blanco. Al final, toda acción que realizamos parte de una idea, cuestión o proyecto. Eso es concebir y aunque todavía mi proyecto de concebir una criatura no ha llegado, sí concibo ideas y nuevos proyectos todos los días.

Las que me conocen, como Patricia, me han escuchado infinidad de veces decir que mi libro Método BRAVO es como un hijo para mí. Dicen que tener descendencia cambia la vida para siempre y sin duda él me la cambió. Planificar tener un hijo requiere tiempo, reflexión, y ahí estaba yo, a finales del año 2017 debatiéndome entre darlo a luz o no. Y vosotras y vosotros que queréis ser padres sabéis la importancia que tiene en esos momentos los apoyos, tanto de tu pareja como de tu círculo familiar y de amistades más cercanos. Las decisiones que nos cambian la vida necesitan de buenos remos para llegar a puerto. Yo en aquel momento tuve los mejores, y este libro que hoy tienes entre las manos sin duda es un remo excelente para ayudarte en tu proyecto vital.

Todavía no sé lo que es ser madre, pero sí sé lo que es ser hija y soy muy consciente del papel que han representado mis padres en la mía como soporte, apoyo y guía.

Por eso soy capaz de comprender la responsabilidad y la incertidumbre que conlleva una decisión como la de dar a luz una nueva vida, pero sobre todo lo vivo desde el agradecimiento de quien ha recibido los frutos de ese compromiso incondicional y pleno de ilusión. Este libro nos sirve también de recuerdo y testimonio de la determinación y perseverancia que puede haber detrás de ese acto de concebir una nueva vida, sin duda el más desinteresado que una mujer puede realizar en su vida.

Patricia es en sí misma un claro ejemplo de superación de retos. Su carrera profesional es la historia de una mujer que se abrió camino como ingeniera de telecomunicaciones y empresaria, con un interés por la neurociencia y el funcionamiento del cerebro que compartimos y que nos puso en contacto por primera vez. Siempre valiente y con una profunda capacidad transformadora, en un momento de su vida decidió cambiar la mirada y, como nos cuenta en estas páginas, se encontró con que concebir un hijo se convertía en un desafío con muchas más complicaciones de las que esperaba y que condicionaría toda su existencia desde ese momento hasta que fue capaz de cumplir su ilusión. Su espíritu luchador y sus conocimientos en campos como la programación neurolingüística le llevaron a indagar en las verdaderas causas de su problema, y desde entonces ha ayudado a muchas mujeres y sus parejas a afrontar estas situaciones con una mirada más positiva y por eso mismo más efectiva.

Monica Galan
De "Método Bravo"

Cari, ¿nos ponemos?

Primera relación sexual...

¡Negativo!

....

Cinco años más tarde...

Introducción

El fin (y el final) del sufrimiento

Hay decisiones que solo dependen de uno mismo y nadie las puede tomar por nosotros: sufrir o no sufrir, ser feliz o no serlo, vivir o no una vida plena…¿Tú qué has elegido? Y si crees que nunca lo has hecho, ¿qué eliges en este momento?

Ya sé. Probablemente estés pensado que no es fácil, que a ti te ha tocado vivir situaciones terribles, que has tenido mala suerte, que no sabes por qué te ocurren estas cosas…

A todos nos pasa de todo. A lo largo de nuestra vida siempre hay episodios de pérdidas, etapas difíciles laboral o económicamente, o quizás en el amor… En general, las relaciones sociales son tan complicadas…

Nadie está libre de los contratiempos, de las sorpresas desagradables, del infortunio, de las jugarretas del azar… Y el reto de querer ser padres, así como la frustración al no conseguirlo, responde a esta regla universal.

La diferencia entre unas personas y otras reside en **la forma en la que cada uno las vive, en el sentido que le damos a cada acontecimiento externo.**

Así que te invito a que a lo largo de esta guía encuentres respuestas que hasta ahora ni siquiera imaginabas, a que descubras que dispones de las herramientas y el poder de vivir el proceso de manera diferente, y a que seas consciente de que es este cambio lo que te acercará a tu deseo.

Si hasta ahora hay algo que no entiendes, eso no significa que no exista una explicación, sino simplemente que no la conoces o no la conocías… ¡hasta este momento!

Ahora tienes la oportunidad de cambiar las cosas y de alcanzar metas a las que te parecía imposible llegar.

Las siguientes páginas te van a revelar la verdadera causa que bloquea tu sueño, a través de una información que te permitirá ver donde nunca miraste.

La mente se calma cuando encuentra respuestas.

¿Este libro es para mí?

Sí. Seguro, sí. ¿Sabes por qué tengo la certeza?

Porque la fertilidad, la reproducción y la sexualidad afectan al cien por cien de las personas.

Y este libro pretende concienciar y establecer nuevos paradigmas sobre este tema que a todos nos incumbe y que sigue siendo tabú.

Por tanto, te será útil si:

- Eres una mujer o la pareja de una mujer que busca quedarse embarazada y tener un hijo.

- Nunca has conseguido un positivo.

- Has sufrido uno o más abortos, voluntarios o espontáneos.

- Tienes un hijo pero no logras un segundo o un tercer embarazo.

- Acabas de empezar y no quieres llegar al extremo de la desesperación.

- Llevas tiempo intentándolo, poco o mucho.

- Lo estás intentando de manera natural (aunque... habría que definir qué es lo natural ya).

- Pasaste por un proceso de reproducción asistida de cualquier tipo o estás en ello.

- Te encuentras en edad fértil o te lo cuestionas.

- Desconoces la causa de tu infertilidad y tu problema es de "origen desconocido".

- Sufres alguna patología o anomalía ginecológica, como ovarios poliquísticos, endometriosis, miomas, ausencia de regla o irregularidad, problemas de reserva ovárica, etc.

- Lo estás intentando en pareja o tú sola.

- Crees que lo has probado todo.

- Tienes esperanza o la has perdido ya.

- Eres de las que piensa que ahora no es el momento, que más adelante, pero no sabes cuándo ni si entonces podrás.

Será útil sobre todo para las mujeres, que son las que experimentan el proceso en su cuerpo. Es una evidencia biológica que desde la concepción hasta el parto, incluido todo el desarrollo... ¡ocurre en el cuerpo de una mujer!, y por tanto su respuesta biológica dependerá en gran parte de ella.

Pero este libro también va dirigido a los hombres y a las parejas, que desempeñan su papel; diferente, pero igual de importante. Y a veces el sufrimiento de ambos se agrava por el simple hecho de intentar vivirlo de la misma manera, cuando es algo imposible, ya que cada uno solo puede vivirlo desde el rol que le toca jugar, y hay que saber hacerlo.

Todo lo que vas a encontrar en esta guía es por supuesto aplicable a todo tipo de pareja actual —hombre y mujer, mujer y mujer, hombre y hombre, mujer u hombre como unidad familiar individual—, cualquiera que sea el método elegido para la concepción —con sus óvulos, con una donación, con una fecundación *in vitro,* mediante un vientre de alquiler...—.

Y es que hoy existen tantas maneras de reproducirnos y de formar familias, de perpetuar y evolucionar la especie, que… veo que nuestra mente no ha procesado todos los cambios, todas las nuevas posibilidades, y va muy por detrás de lo que estamos viviendo.

¿No crees?

¡Vamos a abrir un poco la mente, la conciencia, el alma y el corazón!

¿Por qué escribo este libro?

Es sencillo. Pasé por el problema de querer tener un hijo y no poder…

Viví el sufrimiento de mis padres de querer tener más hijos y no poder…

Conocí a vecinos, amigos, compañeros, amigos de amigos, alumnos y, en definitiva, decenas de personas allá donde fuera, que tenían dificultades para concebir…

Daba igual su condición familiar, económica, social, laboral, su inteligencia, sus posibilidades…

En todos ellos vi la angustia que conlleva este proceso.

Y todas querían (queríamos) lo mismo:

— Quedarse embarazadas lo antes posible, de forma sencilla, rápida, natural y sin complicaciones.

— Disfrutar de nueve maravillosos meses de embarazo, tener un parto rápido y sin dolor (aunque esto ni lo creían posible en muchos casos).

— Tener a su bebé en sus brazos. Irse a casa y disfrutar del crecimiento de esa familia feliz.

Parece sencillo, ¿verdad?

Tan sencillo como lo pensamos cada uno cuando decimos:

— *"Cari*, ¿nos ponemos?"*.

Y ese primer intento sexual ya nos despierta cierto nerviosismo al pensar qué haremos al día siguiente, al mes, al año… con esa criatura en nuestra vida, sin considerar ni remotamente que tal vez no nos quedemos embarazadas… ¿Te imaginas?

No…, eso no lo hemos imaginado.

Y aquí empieza ya el problema.

Eso fue lo que me motivó para escribir esta guía: tomar conciencia de esa posibilidad desde antes de este primer momento, para que todo lo que venga después pueda ser vivido de otro modo.

Y es que… ¿no te parece extraño que para este proyecto de tener un hijo no nos preparemos absolutamente nada?

Lo hacemos para cualquier otra cosa. Nos proponemos hacer un maratón y entrenamos durante meses: mejoramos la alimentación, nos mentalizamos para sobrellevar el esfuerzo de ponernos al límite físico y emocional, buscamos a expertos, entrenadores, referencias que ya han pasado por esa prueba… En fin, que le dedicamos tiempo a conocer y a trabajar física, emocional, mental y energéticamente para conseguir nuestro objetivo.

Y así en casi todo…

Pero en esto de ser padres, es como si ya viniera dado de serie. El "trabajo" es "echar un polvo" con conciencia (entendiéndose esta como haber decidido no tomar precauciones esa vez).

Y siento decir que la evolución de la especie parece tener otras exigencias para estos tiempos.

Señoras y señores: hay que prepararse a conciencia.

Por eso escribí este libro y creé mi método "Las leyes de la fertilidad": para contarte **con amor y algo de humor**, todo lo que descubrí en el proceso hasta que lo logré, y explicarte cómo puedes conseguirlo tú más fácilmente.

Mi promesa = mi experiencia

Te voy a contar desde mi experiencia:

Cómo dejar de probar métodos sin resultado y empezar a entender el verdadero motivo por el que no quedarte embarazada es una solución biológica.

Cómo dejar de preguntarte "¿por qué yo no?" y descubrir toda la historia que hay detrás de la respuesta a esa pregunta.

Cómo pasar de la frustración y la culpa a la motivación y la esperanza de buscar a un hijo, que seguro en parte ya habías perdido...

Cómo ahorrar tiempo y dinero...

Cómo poner el **foco** en tu objetivo en vez de centrarte en el problema.

Capítulo 1
No te engañes

Te lo digo de forma sencilla y clara.

Hay información en ti de la que no eres consciente y que es la responsable de que no consigas el embarazo deseado.

Es la diferencia en ese deseo inconsciente la causa por la que otras mujeres en tu misma situación (aparentemente) han conseguido quedarse embarazadas y tener a sus bebés.

Tu verdadero bloqueo es
de origen inconsciente

Entender que tienes un bloqueo es algo consciente, pero el verdadero bloqueo que tenemos es **inconsciente**, y hay que conocerlo y cambiarlo. Ya sabes, para obtener resultados diferentes hay que hacer cosas diferentes.

¿Aún no te has dado cuenta?

No es tu deseo consciente, sino el deseo inconsciente, el que decide la concepción y el desarrollo de una nueva vida hasta su nacimiento.

Si no fuera así, todos los que manifiestan su deseo consciente de tener un hijo, lo tendrían, y los que no lo desean conscientemente y así lo expresan, no se quedarían embarazados nunca, ¿verdad? Pero es obvio que no ocurre eso.

Por tanto, quizás…

Inconscientemente…
no quieres ser madre

No te asustes, yo también me quedé en shock, incluso me enfadé la primera vez que lo escuché:

— "¿Cómooooo…? ¿Que no quiero ser madre? Esto ya es lo último… ¡pero si es lo que más quiero en mi vida!".

pero luego comprendí que, inconscientemente, no…

Lee tranquilamente hasta el final y descubrirás lo que puede estar bloqueándote; te aseguro que vas a identificar más de una razón.

Disfruta del proceso, porque cada página puede ser una toma de conciencia que te ayude a dar otro paso más hacia tu objetivo, a obtener respuestas, a transformar tu bloqueo inconsciente y recuperar tu capacidad creadora y seguramente a producir en ti una profunda transformación.

No tienes que creerme, sino comprobarlo por ti misma, pero eso requiere tu implicación y trabajo personal.

Veamos si te suena esto...

— ¿Tienes la sensación de mirar a tu pareja solo como el "semental" con el que mantener una relación sexual en tus días fértiles?

— ¿Quedan lejos la pasión y la espontaneidad? ¿Te faltan el deseo y las ganas? ¿Es casi un trabajo? ¿Te estás dando cuenta de que hay problemas profundos en la sexualidad que prefieres no admitir?

— ¿Te despiertan envidia y rechazo esas mujeres que pasan por la calle con su barriguita o su carrito de bebé? O lo que es peor... ¿esas que, emocionadas, te dan la noticia de que van a ser mamás?

— ¿Ves a otras mujeres jugando en el parque con sus hijos, hablando como si no tuvieran más tema de conversación que las monerías de sus niños, y no sabes qué han hecho ellas que a ti no te da resultado?

— ¿Te sientes culpable y te preguntas, sin respuesta, "¿por qué yo no? ¿qué es lo que hago o hice mal?".

— ¿Sabes en lo más profundo de ti misma que esta situación no es sostenible por mucho más tiempo... y que no solo estás sacrificando la posibilidad de ser madre, sino también tu pareja, tu familia, tu vida...?

— ¿Tus padres y amigos se vuelven tu peor pesadilla cuando vas a verlos, cuando te preguntan "y tú, ¿para cuándo?".

— ¿Sientes que hay una fuerza oculta que te mantiene donde estás, que te impide avanzar hacia tu sueño y no sabes por qué?

— ¿Eres de las que "no tienen ningún problema y todo está bien", o tu problema es de origen desconocido?

— ¿O de las que han sido diagnosticadas de baja reserva ovárica, mala calidad de los óvulos, amenorrea, ovarios poliquísticos o SOP, endometriosis, adenomiosis, miomas…? ¿Te han dicho que tu infertilidad se debe a la herencia genética o a tu edad?

Todas —no solo tú— hemos oído, vivido y sufrido lo mismo. Pero no vamos a aplicar eso del "mal de muchos, consuelo de tontos…". **No. Se trata de compartir experiencias, porque de esa manera disminuye el sufrimiento.**

Y no te engañes: ninguno de esos factores constituyen el verdadero problema.

El problema real es que no conocías...
Que la verdadera causa es de origen inconsciente, no físico.
Que tu cuerpo funciona perfectamente.
¿Impactada?
Te explico…

Capítulo 2
El sentido biológico

¿Que la verdadera causa no es física y mi cuerpo funciona perfectamente?

Sí, porque tu cuerpo funciona conforme a una lógica diferente a la de tu mente. Es una lógica biológica.

Según la OMS, el 60 % de las enfermedades o síntomas que padecemos responden a una causa desconocida... Lo cual no quiere decir que no exista una causa, sino simplemente que aún no la conocemos.

Nuestro trabajo será encontrar esa causa invisible e inconsciente, ¡porque la hay!

Tu biología no se ha vuelto loca, ni está en contra de ti.

Da una respuesta al **inconsciente**, que dirige el 95 % de nuestras funciones, en busca de supervivencia.

El inconsciente

Para entender el verdadero origen tenemos que saber qué es y cómo funciona esa parte inconsciente. Hablemos sobre ello.

Es ese amigo y ese enemigo que todos tenemos y no atendemos. Quieras o no, siempre está ahí. Resulta difícil definirlo, debido a que no podemos verlo, ni tocarlo, ni examinar sus funciones concretas, ni su esencia, pero lo que todos podemos comprobar son sus efectos.

El inconsciente es un conjunto de comportamientos desarrollados de forma instintiva y de origen arcaico, y en general, no dependen de la voluntad, sino de factores relacionados con la supervivencia, la protección, las funciones fisiológicas…

Trabaja mientras duermes y se puede ver en los sueños cuál es su lenguaje psíquico. Funciona mediante imágenes, símbolos, sin espacio ni tiempo, y eso permite que las cosas cambien de tamaño o de lugar de forma instantánea. Es raro para nuestra mente racional, pero el inconsciente también es racional y tiene su propia lógica: la biológica. Por eso, en muchos de los ejercicios trabajamos con imágenes, con símbolos y con esas particularidades de ausencia espacio-tiempo tan poderosas, de las que normalmente no somos conscientes.

Tenemos una muestra de su funcionamiento también en nuestra biología. Es todo aquello que está en marcha en el organismo sin que hagamos nada, sin controlarlo ni ordenarlo conscientemente: nuestro corazón late, el oxígeno se reparte por nuestro cuerpo a través de la sangre, el sistema endocrino segrega hormonas, el linfático nos defiende de los gérmenes, y así hasta más de 40 000 funciones que se desarrollan de manera simultánea. A esto me refiero cuando hablo del "inconsciente biológico" en mi libro *Las leyes de la fertilidad*, y es muy importante, porque aunque actúa al margen de nuestro control consciente, funciona en cambio en sintonía con nuestras emociones y nuestros pensamientos, de los cuales tampoco somos conscientes, así que tomando conciencia y cambiando algunos de ellos podremos cambiar algunos aspectos y respuestas de nuestro cuerpo. Es fundamental en toda respuesta biológica, y la fertilidad es una más.

Está claro que toda mujer que anhela ser madre tiene un deseo consciente, pero no es este el que domina el resultado, sino el deseo inconsciente, que es el que influye sobre tu cerebro y tu cuerpo, de ahí que por más que te preguntes racional y conscientemente "¿por qué yo no?, ¿qué puedo hacer?, ¿qué está pasando?, ¿por qué no me quedo embarazada?", no te va a responder tu parte consciente, sino tu inconsciente.

Te explico las características más significativas para que entiendas su funcionamiento y su sentido, ya que, como has visto, trabajamos mucho con ello.

— Asume las funciones biológicas inconscientes. Esas que no tienes que hacer nada para que sucedan.

— No diferencia entre real, virtual, simbólico, imaginario… Para el inconsciente todo es real, todo es verdad. Cuando recuerdas o piensas algo del pasado o del futuro, percibes emociones y respuestas biológicas en el presente: te puede latir más fuerte el corazón o sudar las manos, aunque eso que imaginas no esté ocurriendo en ese momento.

— Todo está en ti, en lo que tú estás sintiendo. Si sientes pena por otro, tú sientes pena; eso es lo que entiende tu inconsciente. No distingue entre tú y los demás.

— No tiene espacio-tiempo, como en los sueños.

— Siempre está en presente.

— Es protector.

— Es una reserva de conocimientos y de recursos, un espacio de soluciones.

— Es distinto del consciente, es una parte de nosotros con su propia lógica.

— No entiende la negación... ni nada mental.

— Entiende de emociones.

— Solo hace cosas cuando tiene un objetivo, pero el objetivo es inconsciente.

— Tiene un lenguaje arcaico, simbólico, sensible a espacios y a formas, como el de los sueños.

— Está en una lógica de supervivencia. Esta es su prioridad, seguida del placer y la facilidad.

¿Entiendes un poco mejor cómo funciona esta parte en cada uno de nosotros? ¿Y su importancia?

Todo lo que te está pasando o no, ocurre en ti. Este es un trabajo de investigación y desarrollo en ti; cualquier ayuda externa es eso, una ayuda, pero la responsabilidad y el poder del cambio está en ti. Te parecerá desesperanzador si eres de las que espera que una varita mágica te cambie la vida, te quedes embarazada y tengas a tu hijo; si eso existiera, yo no hubiera hecho todo este trabajo, ni lo hubiera aplicado en mí y en cientos de mujeres. Lo siento, no funciona así, por eso hay mujeres que van de un lado a otro probando un montón de posibles soluciones sin resultado alguno. Puede que estés viviendo este proceso en un tono victimista y entonces pensarás que lo tuyo es diferente, y peor, y que nadie te da el apoyo que necesitas, y que la vida te castiga, y encima tú eres responsable o culpable… y esto tampoco te ayudará.

Pero de verdad te digo que esta es la mejor noticia que te puedo dar si eres de las que confía en que la respuesta está en ti. Aunque ahora no la conozcas, la tienes, y eso es esperanzador, no hay que ir más lejos a buscar.

Acostúmbrate a trabajar con tu subconsciente, allí está todo lo que necesitas, ya tienes toda la información sobre el problema y la solución. Aprende a escucharte, es muy fácil y tendrás todas las respuestas que necesitas.

Con todo esto verás que tu cuerpo y tu parte inconsciente siempre hacen todo con un sentido, un sentido biológico de supervivencia como individuo, como clan y como especie.

Cualquier síntoma o problema va a ser la solución de adaptación a un instante conflictivo, para satisfacer nuestras necesidades biológicas.

El problema ya no va a ser el problema, va a ser la solución

La respuesta biológica es una solución en forma de metáfora biológica, por oposición o repetición.

Por eso, a partir de ahora la pregunta clave es: **¿por qué lo que me ocurre es la solución?**

Porque lo que hasta hoy has considerado tu problema puede ser tu respuesta de adaptación a algo que ahora mismo desconoces, conscientemente...

El inconsciente biológico está siempre adaptándose y en ocasiones lo hace a través de un síntoma, por el sentido emocional conflictivo que existe en ti; cuando este desaparece, el síntoma también lo hace, ya que la biología solo pretende darte la solución, como metáfora a la solución deseada, según te explicaré más adelante. Cuando el problema original y real se resuelve, la solución desaparece, y con ella lo que para ti constituía el problema por el que vienes a consultarme. Lo que ocurre en ti es el indicador de que algo no está bien en ti, y esa toma de conciencia marca el inicio de la verdadera transformación y de una nueva solución.

En esto consiste lo que llamamos **sentido biológico y memoria celular:** nuestro cuerpo dispone de toda la información a nivel inconsciente, conoce el origen y el sentido que se le ha dado emocionalmente a lo vivido, y el porqué de mantener o iniciar un síntoma, que puede ser algo que crea (como un quiste) o lo contrario (la carencia o eliminación de algo, como la amenorrea o ausencia de menstruación). Sea como sea, tiene un sentido biológico de supervivencia y de adaptación a una necesidad no satisfecha. De esta manera, el "síntoma" será la solución metafórica al problema original o todo lo contrario. Lo comprobarás en un ejemplo concreto que leerás en breve.

Esto es lo que hago con cada una de las mujeres que acuden a mí por un problema de fertilidad: ponerme y ponerlas a **la escucha biológica** e inconsciente. No escuchamos lo que se han preguntado y pensado ya cientos de veces, de la misma forma que no han pensado ni planeado su problema ni sus síntomas. Lo que hacemos es descubrir eso que nunca han mirado, ni dicho, ni entendido, porque es ahí donde reside la respuesta.

Cuando te paras un momento a observar el funcionamiento completo de tu ser, de tu cuerpo, de tus pensamientos, de tus emociones... te das cuenta de que tiene una capacidad casi incomprensible de coordinación y de supervivencia, cuya finalidad es mantenerte viva. Por lo tanto, cualquier síntoma que se presente o que se ausente (como el caso de un embarazo que no llega o que se interrumpe una y otra vez), lejos de ser un capricho de la biología, significa algo, y lo que corresponde es que nos cuestionemos por qué y para qué ha buscado esa solución. Cuando te haces ese tipo de preguntas, la biología siempre responde, tu mente puede por fin entender y tranquilizarse, tus emociones encuentran su sitio y pueden expresarse, y tu cuerpo tiene la oportunidad de cambiar.

Ya Hipócrates decía que el cuerpo crea una enfermedad para curarse. En otras palabras, que a veces padecemos una enfermedad mucho más profunda en nuestro interior a nivel emocional y mental, y es con esto con lo que vamos a trabajar y lo que vamos a sanar.

En este afán de sanación constante, la biología se adapta sin preguntarte. Y aquí va el ejemplo al que me refería unos párrafos atrás, que te ayudará a entender el (no tan complejo) mecanismo biológico:

Si subimos a 5 000 metros, debido a la menor cantidad de oxígeno notaremos lo que se conoce como *mal de altura,* que produce mareos y otros síntomas. Entonces, el cuerpo inmediatamente empieza a buscar soluciones de supervivencia y se adapta a la nueva situación fabricando más glóbulos rojos a fin de restaurar en poco tiempo el equilibrio en el nivel de oxígeno. El problema surge cuando en nuestra rutina diaria (en el trabajo, en casa, en el entorno familiar o en cualquier otro ámbito) sentimos esa falta de aire, sin motivo aparente. Si no podemos respirar y esa sensación supera un umbral en la persona, y además este conflicto se mantiene en el tiempo, si no es expresado y no se le encuentra solución, el inconsciente biológico, que no distingue entre lo real y lo simbólico, como ya has visto, nos ofrece una de carácter metafórico: fabricar mayor cantidad de glóbulos rojos. Esta solución será la que en breve convertiremos en el problema, ya que evidentemente no es la que queremos, y se traducirá en otro tipo de sintomatología y malestar, por los que acudiremos al especialista, quien descubrirá que nuestro nivel de glóbulos rojos está por las nubes y tomará las medidas oportunas; pero este no es el problema, sino la situación que vivimos con esa asfixia, y mientras eso no cambie, la biología continuará actuando conforme le dicte el inconsciente, y siempre velando por preservar la vida.

De igual manera ocurren cientos de respuestas en tu cuerpo: la piel se broncea o le salen manchas como solución biológica para protegerse; las náuseas y los vómitos son la solución a una ingesta de un alimento en mal estado, etc. Y exactamente lo mismo ocurre con los problemas de fertilidad.

Seguro que te estás preguntando **cuál puede ser el problema que tu biología resuelve bloqueando el embarazo.**

Te pondré otro ejemplo, ya que esto ocurre desde el principio de los tiempos para la supervivencia de la especie y la evolución, y por supuesto así sucede también en el mundo animal.

Podemos observar la mutación genética que se ha producido en **los elefantes africanos,** que nacen sin colmillos como consecuencia de la caza furtiva en busca de marfil: eso es una adaptación para la supervivencia. En algunas regiones africanas, el 98 % de las hembras nacen hoy sin sus colmillos, cuando hasta hace poco representaban un porcentaje entre el 2 % y el 6 %, y esto es debido a que su inconsciente conoce que a una tercera parte de los elefantes del continente esos colmillos les han costado la vida. Por consiguiente, a pesar de que los necesitan para diversas funciones (desprender corteza de los árboles, defenderse de agresores, cavar...), el instinto de supervivencia prevalece sobre la utilidad o el deseo, y ante el riesgo de perder la vida por la codicia humana de la que han sido víctimas a lo largo de generaciones, su biología ha tomado la determinación de eliminar los colmillos, y ese mensaje se ha grabado en el inconsciente familiar y colectivo, de manera que lo heredan sus descendientes.

Algo parecido te ocurre a ti en relación con tu dificultad para concebir un hijo: se trata de una decisión de tu inconsciente, por razones de supervivencia o de evolución, y de nada sirve tu deseo consciente de ser madre mientras tengas instalada esa grabación.

Así pues, a la vista del ejemplo, deberíamos preguntarnos: "¿Qué ha ocurrido en nuestras generaciones pasadas o cuál es el peligro en nuestras vidas que ha hecho aumentar de una manera alarmante el índice de infertilidad?". Desde luego, tiene que ser algo realmente serio para que tu inconsciente biológico resuelva impedirte la maternidad. Eso cambiará en cuanto asumas que tal impedimento es la solución, no el problema.

Es como cuando vomitamos por haber ingerido algo en mal estado… El vómito surge con la necesidad de poner rápidamente fuera lo que nos puede dañar, pero a nadie le gusta vomitar, ¿verdad? Y es que la solución biológica no siempre es agradable. Es útil.

El inconsciente y ese sentido biológico siempre están haciendo algo por nuestro bien.

Entre dos tipos de estrés, tu inconsciente siempre va a escoger el menor, y a día de hoy entiende que supone mayor tensión quedarte embarazada o dar a luz a un hijo, que no tenerlo. A tu mente racional se le escapa el motivo, pero tu inconsciente lo sabe, tú lo sabes.

En mi caso, no entendí nada de lo que me pasaba hasta que no miré en esta parte de mí.

Habitamos una sociedad en la que ya prácticamente solo se busca la respuesta en el exterior, por eso andamos tan perdidos. Porque… ¿qué pasa cuando está en tu interior? ¿Y si se ha instalado en un pensamiento, en una emoción, en tu ADN, en tus células, en tu inconsciente, en tu biología…? ¿Cómo acceder a ella? Pues lo que procede es conectar con esa información, destaparla, desactivarla y cambiar el sentido con que se ha vivido. Un acontecimiento —breve o prolongado, formidable o aparentemente irrelevante— puede permanecer latente durante años, ya que en nuestro subconsciente no existen ni espacio ni tiempo, todo es presente, así que para atajar el problema hay que ir al origen, y la buena noticia es que, por difícil que parezca, a veces basta un instante para darle la vuelta a la situación.

Según el caso, es posible encontrar algo en concreto que represente un obstáculo para tener hijos: historias de antepasados que perdieron bebés, muertes en el parto (que hay muchas)…, pero en la mayoría de las ocasiones la información es más sutil. Y ni siquiera ser consciente de ella sirve para cambiar las cosas; ciertamente, constituye un primer paso necesario, pero inválido si no se sigue con el proceso de conectar con la información emocional asociada.

Por tanto, a continuación deberíamos formularnos la siguiente pregunta: "¿Cuándo y cómo hemos instalado o vivido ese hecho de una manera determinada?". Y también: "¿Cuándo hemos sentido esa emoción que nos está bloqueando?".

El *cuándo* puede ocurrir en diferentes períodos; exactamente, en cuatro. Los expongo en el capítulo 3.

Pero antes, te dejo un esquema-resumen de lo que has leído en este capítulo, donde recojo las ideas clave. No las pierdas de vista, porque te servirán para interpretar los mensajes de tu cuerpo. Ten muy presente que lo importante no es lo que ocurre, sino cómo se vive; cada persona le da un sentido distinto a un mismo evento.

Resumen

» El verdadero origen del problema no es físico. Está en tu inconsciente.

» Si el inconsciente dice no, ¡es no!

» Tu cuerpo funciona perfectamente.

» Tu inconsciente y tu cuerpo funcionan con un sentido, y es un sentido biológico.

» **El reto: aparcar la mente para entender la biología**, porque la lógica biológica no es mental.

» La respuesta que buscas está en la pregunta **¿Por qué lo que me ocurre (el problema) es la solución?**

Capítulo 3
Los cuatro orígenes

Nuestra vida cronológica

En ocasiones, el origen del bloqueo se localiza en alguna de las etapas de nuestra existencia: la niñez, la adolescencia, la juventud o la edad adulta. Es el caso, por ejemplo, de mujeres que han sufrido un aborto, lo cual repercute posteriormente en su fertilidad, o que han visto morir a un hermano pequeño o a su propia madre en el parto… A veces puede ser una memoria de otro embarazo o de vivencias traumáticas, como el de la muerte de una amiga a los 18 años al abortar de manera voluntaria.

Aparte de los eventos en sí, no es extraño que se produzca una repetición o *ciclo biológico memorizado,* que se sucede cada cierto tiempo de forma automática como una nueva oportunidad de resolver el problema. Y no es más que el mismo *software* reactivándose como una alarma programada para que suene cada cinco minutos o cada cinco años. En la naturaleza todo es cíclico: el día y la noche; las estaciones; nacer; crecer; reproducirse y morir; los ciclos solares, lunares, menstruales, etc. Y así se comporta nuestro inconsciente: guarda información que se presenta de forma cíclica.

La siguiente historia constituye una prueba de lo que te acabo de contar. Su protagonista, una mujer con la que trabajé, cuyo nacimiento a los nueve meses de gestación marcó el comienzo del fin de la familia, ya que no supieron recibirla. Su padre incluso se marchó de casa durante un tiempo, y volvió a hacerlo cuando ella tenía 9 años. Se independizó a duras penas tan pronto como cumplió la mayoría de edad y se fue de casa porque no soportaba aquel ambiente. A los 36, intentó ser madre y se quedó embarazada a la primera, pero perdió a ese bebé y a otros tres después. Entonces, me vino a ver. Ella no se había dado cuenta de que a los 9, 18 y 36 años se reactivaba el programa de romperse el nido, de quebrarse la familia, así como su forma de vivirlo, que se traducía en un mensaje del tipo "como no quiero estar en este nido, en esta familia, el hijo no puede vivir en esa familia".

Este concepto de **ciclo biológico memorizado**, aunque basado en investigaciones anteriores, es un descubrimiento que se atribuye al psicólogo francés Marc Fréchet, quien comprobó que cuando sufrimos un *shock* o una experiencia traumática de la que se deriva un conflicto que no se resuelve, nuestro inconsciente lo graba y es ahí donde se instala el programa que permanecerá en la memoria celular y que se repetirá, cada cierto tiempo, desencadenado por hechos vividos, que tendrán sentires y conflictos emocionales comunes y funcionarán al mismo tiempo como una nueva oportunidad de resolverse, siempre y cuando seamos conscientes; si no, nos parecerá una terrible vivencia que se repite en forma de destino.

Seguro que visto de este modo, tal vez estés encontrando informaciones que se activan o alguno de esos programas memorizados, en tu caso y en tu familia… ¿verdad?

O quizás se encuentre tan escondido en lo más profundo de tu inconsciente que te suene a *chino* esto que lees, como que no va contigo… Sin embargo, tarde o temprano aflorará.

De cualquier forma, lo habitual es indagar (antes que en ningún otro sitio) en nuestro recorrido vital para intentar localizar la causa del bloqueo. Por eso no me detendré más en este primer punto, y sí en cambio en los tres que vienen a continuación, pues probablemente ni siquiera los has explorado.

Período fetal, vida intrauterina

En otras ocasiones el origen está en algo vivido durante esta etapa, que abarca nuestra concepción, nuestra gestación, nuestro desarrollo dentro del vientre materno y nuestro nacimiento.

Aquí se incluye lo que Fréchet denominó el **proyecto sentido,** es decir, el motivo inconsciente de nuestros padres que propició que fuésemos concebidos. Esta información es muy poderosa, ya que tiene que ver con la motivación inconsciente que nos trajo a la vida, así que la fidelidad al cumplimiento de ese proyecto se mantiene en muchas ocasiones por encima de nuestros propios proyectos y de lo que queremos conscientemente en nuestra propia vida.

En la actualidad, conocemos la influencia de las emociones de la madre gestante en su bebé, pero no tenemos muy en cuenta cómo repercuten esa programación y deseo inconsciente en la persona adulta que será en un futuro, y en sus posibles embarazos y su fertilidad.

Te aseguro que ese proyecto inconsciente, las vivencias de la madre durante el embarazo o el propio nacimiento afectan a nuestra fertilidad de adultas.

La relación tan estrecha que existe entre madre e hijo, ya durante el período prenatal, ha sido objeto de numerosas investigaciones, especialmente en los últimos años. Y conforme avanza el conocimiento de la vida intrauterina, aumenta el interés por parte de la comunidad científica, tanto en lo que se refiere al vínculo en sí como a sus implicaciones tras el alumbramiento.

El vínculo biológico

Según un informe elaborado por un equipo de expertos de la Universidad de Navarra, "desde el inicio, y mientras el embrión atraviesa las trompas de Falopio maternas, envía avisos moleculares y la madre responde, estableciéndose un **diálogo molecular** por el que el embrión recibe *energías* para vivir y ambos se preparan a pasar esos nueve meses de vida en simbiosis".

En otras palabras: se produce una interacción bioquímica entre la progenitora y su bebé a partir del mismo momento en que este se instala en el cuerpo de la mamá, y durante toda la gestación, a través de la placenta.

¿No es un auténtico milagro de la naturaleza? Sin duda, un proceso natural fascinante que no deja de sorprendernos a medida que la ciencia nos va descubriendo nuevos hallazgos y que nos demuestra cómo lo que vive la madre es transmitido al embrión.

El vínculo afectivo

El apego madre-hijo comienza también en la preñez, como un **instinto natural** que sirve para proteger y cuidar al nuevo ser.

Así, entre el segundo y el cuarto mes aumenta de forma significativa en la embarazada la producción de **progesterona**, una hormona que controla la respuesta emocional y física al estrés; además, paralelamente se almacena **oxitocina**, un neurotransmisor relacionado con la confianza que permite desarrollar una particular capacidad para detectar las necesidades del bebé.

Hoy en día, la tecnología ofrece la posibilidad de observar por neuroimagen las emociones de la madre al escuchar el latido del feto, al contemplarlo en una ecografía o al sentir cualquier otro tipo de estímulo. La reacción inmediata del feto constituye la prueba más evidente de ese extraordinario nexo materno-filial, capaz de modificar el cerebro de la mujer a fin de incrementar su sensibilidad y responder a las consignas básicas de su pequeño, y de hacer sentir y grabar en el pequeño en tan temprana etapa de su vida las primeras informaciones que quedarán registradas en sus células, y que determinarán respuestas biológicas posteriores.

Un mecanismo perfecto, ¿no crees?

No tanto cuando las consecuencias de que funcione no se prometen felices. Imagina, pongamos por caso, a una embarazada que lo esté sin haberlo deseado y que viva su estado con tristeza, rabia o incluso con el deseo de deshacerse de la criatura que lleva en su vientre. El impacto emocional del rechazo quedará impreso en la biología de ese ser aún no nacido y se dejará notar en cualquier momento de su existencia. ¿O crees que es casualidad que una gestante aborte siempre en la misma semana en que su madre intentó interrumpir su embarazo?

Otro elemento importante que interviene en esta peculiar comunicación es el **ambiente social**.

El diálogo entre ambos progenitores, y de ellos con su entorno, implica una serie de procesos psicológicos, emocionales, bioquímicos, neuronales y endocrinos que afectan a la maduración del niño en el útero, de forma positiva o negativa dependiendo de cómo influyan en la madre las situaciones que la rodean (la pareja, la familia, el trabajo…). Por eso, es importantísimo conocer las circunstancias que vivían nuestros padres cuando estábamos dentro del vientre materno.

La información que quedó grabada en ti durante la gestación puede estar determinando tu vida en algunos aspectos, como el de tener un hijo.

El vínculo sensorial

En torno a los cuatro o cinco meses de vida gestacional, el ser humano ha empezado a desenvolver sus **funciones sensoriales y perceptivas**. De hecho, se sabe que reconoce y discrimina la voz de la madre frente a la de otras personas extrañas, y que las sensaciones táctiles que ella percibe se proyectan en el cerebro fetal.

¿Ciencia ficción? No. Realidad constatada, que supera con creces los límites de la imaginación.

La realidad de una **comunicación no verbal** muy primaria y muy rica a la vez, que se puede estimular mediante programas específicos y de ese modo contribuir a un mejor desarrollo psicológico, sensitivo y emocional del nonato.

Y te diré más: las sensaciones que tú misma experimentaste en el vientre materno pueden determinar, sin que tú seas consciente de ello, tu respuesta biológica a la hora de tener a tu futuro bebé. Así es la herencia emocional uterina.

"Cuando nace el bebé, la experiencia emocional materna conforma la mitad de la personalidad del individuo". Son palabras de **Sue Gerhardt**, psicoterapeuta y autora de famosos libros sobre esta influencia.

Gerhardt ha centrado sus estudios en el **desarrollo cerebral del bebé** desde que nace hasta los dos o tres años, e incluso durante el período prenatal. Y ha descubierto no solo la importancia de los afectos para su salud mental, sino también la influencia en sus emociones de lo vivido por la madre en el embarazo.

Sabemos que el tacto y el contacto desempeñan un papel fundamental en los diferentes circuitos bioquímicos que se empiezan a producir, y además **ya desde la gestación el feto aprende de alguna manera a relacionarse con el mundo.**

La cuestión es que mientras crece en el útero, se mueve con su mamá y comparte con ella su propia experiencia: si se siente nerviosa, feliz, asustada, ilusionada, triste… No sabe lo que le pasa, pero sí cómo lo vive, y registra esa información en su sistema nervioso. Por tanto, no es de extrañar que se manifieste luego, a lo largo de su vida, a través de determinados comportamientos o incluso en su biología, con reacciones de su cuerpo que seguramente no entienda porque su origen se remonta a su etapa en el seno materno.

La psicobióloga **Vivette Glover**, del *Imperial College of London*, se refiere también a la relación entre las emociones de la mujer gestante y el desarrollo de su hijo o hija, explicando, entre otros temas, la incidencia de la ansiedad en las embarazadas sobre el bebé, y concluye que puede heredarse en forma de problemas de atención o de hiperactividad.

Según sus investigaciones, tiene que ver con el nivel de cortisol en el líquido amniótico.

Pues bien: la información heredada puede aflorar cuando ese bebé es ya una mujer adulta que desea convertirse en madre, ya que **un embarazo despierta memorias de embarazo**.

Nunca desestimes cómo fueron tu propia gestación y tu propio nacimiento, pues tal vez ahí se halle la causa de lo que ocurre años después. A veces no encontramos la respuesta porque no la buscamos donde está…

Te contaré alguna curiosidad más que te demostrará la importancia de este período de tu vida.

He trabajado con varias mujeres cuyas madres sufrieron una pérdida traumática cuando estaban embarazadas de ellas y, como consecuencia, se derrumbaron, se desconectaron de la vida, del futuro, del deseo de traer al mundo esa hija… Ese estado de ánimo causó un gran impacto emocional en sus bebés, que nacieron con el mensaje grabado de la falta de ilusión por la maternidad. De manera que cuando, ya adultas, me consultan sus dificultades para convertirse ellas mismas en madres y sin embargo aseguran tener claro su objetivo, lo que no saben (y les ayudo a identificar) es que hay una grabación inconsciente bloqueando su embarazo.

Al igual que otros científicos, el profesor **Jonathan Seckl investiga los efectos transgeneracionales del estrés postraumático**. En su caso, eligió como objeto de estudio a doscientas mujeres que vivieron el derrumbamiento de las Torres Gemelas; a ellas y a sus hijos, todavía en el útero aquel fatídico 11 de septiembre de 2001. ¿Podrían haber heredado esos pequeños el trauma de sus madres?

Para averiguarlo, el doctor Seckl experimentó con ratas preñadas, a fin de comprobar si exponerlas a hormonas del estrés afectaba a sus crías. Y en efecto, encontró que la siguiente generación mostraba un cuadro típico de ansiedad. Animado por el descubrimiento, observó la respuesta en generaciones posteriores, y de nuevo advirtió comportamientos anormales.

A la vista de los resultados, Seckl concluyó que **los eventos estresantes activaban un interruptor en los genes que luego se transmitía a la descendencia**. Por tanto, muy probablemente el impacto de los atentados tendría consecuencias no solo en las embarazadas que fueron testigos o víctimas, sino también en sus bebés e incluso en los aún no nacidos.

¿Una hipótesis aventurada? No, si se demuestra. Había que dar un paso más y analizar lo que ocurría en las personas seleccionadas para la investigación. Con la colaboración de su colega la doctora Yehuda, Jonathan Seckl se puso manos a la obra. Ambos sabían que **el organismo reacciona produciendo cortisol en situaciones de estrés**, ya que es la hormona que ayuda a controlarlo. Por consiguiente, si dadas esas circunstancias el nivel de cortisol es bajo, resulta difícil combatir el estrés y ahí se origina el trastorno postraumático.

Así pues, al examinar a las mujeres midieron el índice de cortisol en la saliva, y tal como sospechaban, advirtieron que era anormalmente bajo. Lo mismo les pasaba a sus hijos, aunque con una particularidad añadida: en ellos, la cantidad de cortisol variaba dependiendo de lo avanzado del embarazo aquel 11-S. No les afectó tanto a los que todavía eran embriones, pero sí a los que se hallaban en el último tramo de la gestación.

La hipótesis quedaba probada: **la memoria de un suceso estresante puede heredarse**. Parece increíble cómo se comporta la naturaleza humana; sin embargo, siempre hay una explicación creíble, y allí adonde no llega la genética, llega la **epigenética**.

Como en la naturaleza todo está sujeto a leyes, por eso las leyes de la vida y las leyes de la fertilidad funcionan, porque son un conocimiento probado, experimentado y demostrado.

Aun así, siempre seguiremos descubriendo más, lo cual significa que todo lo que conocemos se nos antoja concluyente… hasta que conocemos algo nuevo.

Ya sabes… **ningún diagnóstico es definitivo.**

Otro evento que queda grabado para siempre es, sin duda, el nacimiento. Por su enorme trascendencia, le he dedicado un capítulo entero "La ley de la autonomía" de mi libro *Las leyes de la fertilidad*. Te invito a que lo leas, y también a que te plantees las siguientes preguntas e indagues:

— ¿Qué pasaba en la vida de tus padres poco antes de concebirte?

— ¿Cómo encajaron la noticia?

— ¿Te deseaban?

— ¿Cómo fue el embarazo? ¿Qué ocurrió a lo largo de ese período?

— ¿Cómo fue tu nacimiento?

— ¿Cómo vivió todo eso tu madre?

— ¿Y el resto de personas de su entorno?

Si no te es posible acceder a esa información, no te preocupes; tu inconsciente lo conoce todo y disponemos de técnicas para sacarlo a la luz.

Al principio, a mí también me sorprendía la importancia de este período en mi fertilidad. No lo había tenido en cuenta, pero entonces comencé a investigar…

Algo que me llamó poderosamente la atención cuando lo descubrí es la diferente percepción del tiempo durante el embarazo, por parte del feto. Al profundizar en el tema, encontré un interesante estudio al respecto del francés Philippe Court-Payen, quien aplicando la ecuación, averiguó que el tiempo en el interior del vientre materno es infinito. ¿Cómo llegó a semejante conclusión? Te explico:

Si a medida que nos acercamos a la vejez tenemos la sensación de que el tiempo transcurre más rápido, y en cambio, cuando somos niños parece eterno, haciendo sus cálculos averiguó que para una criatura intrauterina esos nueve meses se traducen en… ¡trillones de años!

¡Imagina cuántas grabaciones puede haber ahí! ¿Cómo no van a estar influyéndote?

No nos alcanza la vida para trabajar todo lo que se juega en el interior del útero… Pero recuerda que para el inconsciente no existen el tiempo ni el espacio, así que de repente todo el cambio se da en un instante.

Otra reacción distinta por parte de la mujer gestante y del bebé que influye en cómo y por qué la criatura graba informaciones tan intensamente en el nacimiento es la siguiente:

La madre responde con cansancio y sueño, lo que se conoce como *vagotonía*. Se producen tantas alteraciones en su cuerpo para acoger al nuevo ser, que el organismo baja el ritmo, pone sus límites y, de ese modo, protege al pequeño. Llevar una vida estresante, sin el descanso necesario, podría conducir a un aborto.

Por el contrario, la personita que crece dentro del útero está en *simpaticotonía*, a tope ya desde los primeros latidos. Normal: tiene que bombear sangre a toda velocidad para desarrollar sus órganos y multiplicarse celularmente.

En el momento del parto, también la madre entra en simpaticotonía, un estrés positivo que le permite segregar oxitocina y ayudar a su hijo a nacer. Ambos colaborando al máximo nivel de esfuerzo, en unas horas cruciales que, según te he contado, para el bebé duran *muuuuucho* más, y lo que suceda en ellas quedará registrado para siempre debido a este estado de simpaticotonía, de alerta extrema, cuando el inconsciente lo graba todo y a toda velocidad: cualquier sonido, cualquier comentario favorable "¡Mira qué preciosidad!" o preocupante "¡Hay que cortar la hemorragia! ¡Se nos va!", cualquier sensación…

Si por ejemplo, las grabaciones son de peligro, cuando ya ese bebé se ha hecho mujer quizás se encuentre con que se reactivan y su biología le impide ser mamá. Como "solución" frente a un riesgo potencial que le quedó grabado, mejor obstaculizar un embarazo.

Nueve meses o trillones de años… Según has podido comprobar, desde la fecundación hasta el alumbramiento se ha estado imprimiendo información inconsciente en tu ADN que determinará en muchas ocasiones el comportamiento de tu cuerpo.

Visto lo visto, ¿no crees importante indagar en esa etapa prenatal de tu vida? ☺

Período transgeneracional

En tercer lugar, cabe la posibilidad de que el *cuándo* se remonte a una etapa previa incluso a nuestra concepción, o sea, que no se trata de una vivencia propia, sino **transgeneracional**, es decir, **información emocional heredada de nuestros ancestros**, que fueron los que vivieron esa situación de manera conflictiva, y grabaron esa información traumática que ha llegado hasta nosotros. En nuestro ADN hay información genética de carácter físico y emocional a la cual nuestra biología responde en el momento presente, porque es cuando tú tienes activa esta información. Como en los elefantes, ¿recuerdas? Fueron sus antepasados las víctimas mortales de la codicia humana y son las generaciones posteriores las que resuelven nacer sin colmillos para asegurar su supervivencia.

En otras palabras: un bloqueo inconsciente grabado en el ADN puede ser heredado y, desde luego, va a provocar una respuesta biológica si se activa o "enciende", como explica la epigenética.

Otra evidencia de ello es la que se ha demostrado tras experimentar con los gusanos *C. elegans*, que tienen marcados en sus genes los traumas de sus tatarabuelos.

Probaron a insertarles un chip transgénico que producía una proteína fluorescente y permitía a los investigadores medir la actividad de un gen relacionado con el estrés. El diario *El País* se hacía eco de los sorprendentes hallazgos:

"Cuando los gusanos estaban a 20 grados, el chip emitía una pequeña fluorescencia. Sin embargo, cuando se incrementaba la temperatura del hábitat de los animales hasta los 25 grados, algo que les resulta desagradable, la cantidad de proteína fluorescente producida aumentaba. Después, aunque volviesen a bajar la temperatura hasta los 20 grados, la actividad del chip transgénico se mantenía. Lo más sorprendente fue que esta especie de memoria del período cálido no solo se guardaba en la memoria de los individuos que lo habían sufrido. Aunque los hijos y los nietos de estos gusanos solo hubiesen vivido a los agradables 20 grados, seguían mostrando la fluorescencia que señalaba la reacción biológica de sus padres y abuelos al calor. El efecto duraba hasta siete generaciones y, si se sometía a cinco generaciones a los 25 grados, la fluorescencia se mantenía hasta 14 generaciones[1]".

"Reacción biológica de sus padres y abuelos al calor", que o bien les había provocado importantes daños o directamente la muerte…

Así, frente a la teoría genética clásica —según la cual un padre no puede transmitirle los efectos de sus hábitos a su progenie—, estudios recientes de la Universidad de Copenhague y el Instituto Karolinska de Estocolmo han probado que la marca genética de los espermatozoides en hombres gruesos y delgados es diferente, y esto condiciona la propensión a la obesidad de los hijos.

1   "Los gusanos tienen marcados en sus genes los traumas de sus tatarabuelos", en *El País,* 04/05/2017.

Investigaciones epidemiológicas han llegado a conclusiones de índole similar tras analizar el caso de los descendientes de las mujeres holandesas que estaban embarazadas en 1944, casi al término de la Segunda Guerra Mundial. Aquel invierno, el hambre acabó con la vida de 20 000 personas y afectó seriamente a unos cuatro millones. Pues bien, en la actualidad, los hijos y nietos de esas mujeres acusan "trastornos alimentarios, diabetes y enfermedad coronaria", como "solución" de su biología frente a una potencial carencia de reservas energéticas para el organismo.

Rachel Yehuda demostró que los traumas también se heredan. Esta reconocida psiquiatra, especialista en neurociencia, creció en un barrio de Cleveland (EE. UU.) junto a descendientes del holocausto nazi. Tal vez esa experiencia de su infancia contribuyó a despertar en ella el interés por dimensionar la tragedia. Ya adulta, la abordó desde el punto de vista científico, estudiando los **efectos del estrés de una generación a otra(s)**. Tras analizar un número significativo de víctimas directas o herederas de la barbarie, comprobó que la biología puede manifestar traumas de los antepasados. ¿A que parece increíble? La propia doctora debió de sorprenderse al constatar hechos como el siguiente:

Una prisionera en Auschwitz logró sortear el hambre gracias a la respuesta de su organismo, que no fue otra que la de un mecanismo de adaptación: al rebajar la actividad enzimática y mantener así más cortisol libre en el cuerpo, aumentaron el índice de glucosa y los combustibles metabólicos, lo cual le permitió enfrentar la inanición prolongada, con el correspondiente impacto emocional asociado.

Fascinante, ¿no? Pues más fascinante aún es que esa información la transmitiese a su descendencia, en forma de anormales niveles de cortisol. Pero lo que para aquella mujer había significado una solución, para sus hijos, nietos, bisnietos… —que no necesitan combatir la desnutrición— se convirtió en un problema.

Hay vivencias de tan hondo calado que incluso a la genética le cuesta olvidarlas, por una cuestión de **evolución y supervivencia**. Y tu biología puede estar respondiendo hoy a información que llevas grabada desde que fuiste concebida e incluso a las vivencias de tus padres, previas a tu concepción y que precisamente los motivaron inconscientemente a engendrarte. Sus experiencias, emociones impactantes o necesidades no cubiertas pudieron ser el origen de tu vida, y tus células lo conocen. Por tanto, no descartes que tu imposibilidad actual para tener un hijo se encuentre en vivencias de tus propios progenitores.

Encontrarás más ejemplos de cómo y para qué heredamos información en el blog de mi página web: www.patriciabartolome.com

La buena noticia es que esta información se puede modificar, ya que está demostrado que nuestro ADN cambia a lo largo de la vida.

Ciertamente, nuestros padres o donantes nos transmiten determinadas peculiaridades genéticas, pero esos genes no son inmutables, sino que se transforman para adaptarse al medio y buscar soluciones de supervivencia y evolución. Eso nos ha permitido llegar hasta hoy.

Además de la herencia que hemos recibido, en nuestro ADN influyen otros factores como el entorno, el medio ambiente, las emociones, los pensamientos y las creencias, que lo van moldeando y hacen que se exprese de una forma u otra, según demuestra la epigenética.

Sabemos que lo que vivieron nuestros ancestros ha dejado huellas en el ADN, que por suerte son reversibles.

Si investigas tu árbol genealógico y el historial de tus antepasados, encontrarás varios ejemplos de esta información heredada.

Por ponerte algún ejemplo sencillo: imagina que padeces una alergia al melocotón y descubres que un bisabuelo tuyo murió al atragantarse mientras comía esa fruta... La mayoría piensa que es pura casualidad. O ni siquiera se han parado a pensar.

Y ahora piensa en si una bisabuela falleció en el parto, si una abuela tuvo 11 hijos de los que fallecieron 7, o sobrevivieron, pero nunca quiso tenerlos...

Si hay historias familiares de este tipo, tiene sentido que tu biología, por supervivencia, te impida el embarazo, ya que la información que tenemos es la única que creemos posible. Es las que conocemos y a ella responde el cuerpo. Afortunadamente, contamos con técnicas que nos permiten actuar sobre esa información y borrar las marcas epigenéticas heredadas.

Que no te quepa duda de que se ha presentado la respuesta a tu problema delante de ti desde hace un montón de tiempo, y no la habías visto. No importa. Me reconforta saber que por fin estás más cerca de encontrarla, y por tanto, de ser madre.

Debes conectar con esa información que te han transmitido de manera inconsciente y trabajar las creencias que se han instalado, derivadas del sentido que se les ha dado a los hechos vividos. El objetivo evidentemente no es evitar que tu bisabuela muera en el parto, eso ya no es reversible, sino conseguir que la carga emocional de lo que supuso vivir algo así cambie en ti, ya que no te ocurre, solo tienes esa grabación. Hay que actualizarla, y para ello disponemos de una metodología.

Recuerda que el inconsciente biológico transmite la información con una intención positiva de supervivencia para que no la repitas y pongas en peligro tu integridad física o mental. Tu parte no racional no distingue tus circunstancias de las de tu bisabuela, ignora que en la actualidad contamos con mejores medios y mejor asistencia sanitaria; por tanto, persiste en privarte de un hijo a fin de evitar tu fallecimiento.

Necesitamos ir un paso más allá y conectar con las emociones que eso genera para poder cambiar el sentido a todos los niveles: mental, emocional, energético y físico. La manera de hacerlo es poniéndote en la piel de tu bisabuela o incluso en la de ese bebé que sobrevivió a la muerte de su madre. Van a surgir emociones en ti, y es así como comprobarás que esa información sí te pertenece, es decir, que está en ti en el presente aunque no seas tú quien la ha vivido. Después verás que haber tomado conciencia de ello te permitirá transformar esas creencias y ese miedo atroz al parto en una sensación de seguridad al pensar en él, y en consecuencia tu respuesta física será otra.

Las opciones están claras: se trata de dar una solución a un conflicto heredado… Pero quizá te plantees algunas preguntas, como: ¿todos repetimos una historia? ¿Y para qué se repiten las historias? ¿Para tener el mismo final? ¿Qué posible reparación existe para eso?

En relación con la primera, te diré que sí, que todos repetimos alguna historia porque arrastramos pensamientos y creencias que se repiten. Según hemos constatado, se trata de una necesidad vital de adaptación, desde el momento que conocer el trauma y sufrimiento de los seres que nos precedieron nos ayuda a sobrevivir y a evolucionar. Y acabo de contestar a la segunda. En cuanto a la tercera, no siempre tienen el mismo final, puesto que cuando somos conscientes de la información emocional que llevamos, estamos en condiciones de manejarla y conducirla hacia otro destino. ¿Cómo se hace? Hay varios mecanismos; la técnica ayuda, pero el verdadero mecanismo transformador está en tu interior.

Al ser conscientes y conectar con el origen del conflicto, se manifiesta un dolor por el que nos resistimos a atravesar, pero que se desvanece en cuanto lo descargamos. Y sea como sea, es mejor sacarlo, ¿no crees?

¿Cómo hacer el árbol genealógico y qué buscar cuando tienes problemas de reproducción/fertilidad?

Busca información en al menos hasta tres o cuatro generaciones previas, y hasta en siete si es posible.

Obtén nombres y apellidos

Los nombres que recibimos son como contratos inconscientes, un programa que continúa, que limita la libertad y condiciona nuestra vida.

Es importante saber quién ha dado el nombre y el porqué.

Algunos se repiten de forma sospechosa... Sigue las pistas.

Fecha de nacimiento, concepción (se verá directamente) y defunción

El inconsciente retiene los dramas y eventos por las fechas. Es simbólico y los números los entiende muy bien.

Fechas de boda, de separaciones u otras que por alguna razón llamen la atención o se repitan.

Número de orden, rango de hermandad o fraternidad

El número de llegada a la familia. Tenemos que contabilizar todos los nacimientos y todos los abortos que se hayan producido.

Hay muchas páginas que te ayudarán a crear el árbol genealógico, pero mi consejo es que lo hagas a mano (eso ya da información) y sigas un orden: visual, con símbolos para los hombres y las mujeres, los abortos, las separaciones, etc.; y también un orden vertical o ascendente, desde ti hacia arriba (hacia tus padres, abuelos, bisabuelos, etc.); y horizontal, en el que se observe claramente el orden de llegada. Verás similitudes y repeticiones muy interesantes en la parte horizontal.

Este dibujo puede servirte de modelo:

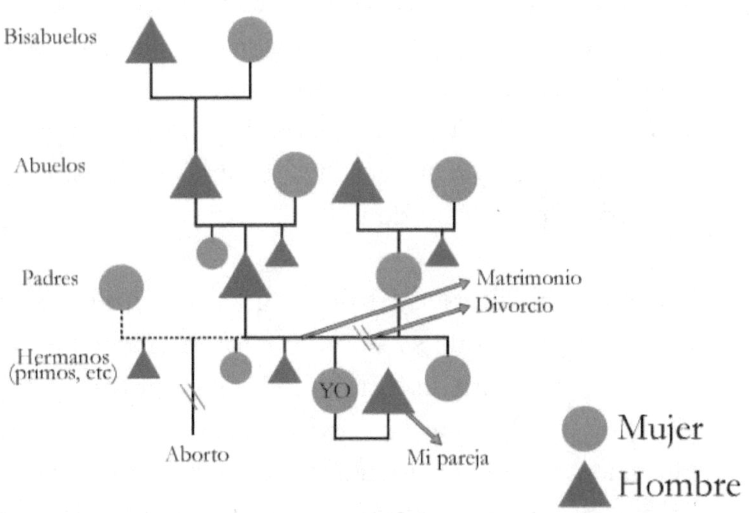

En ese árbol, buscaremos:

- **Enfermedades, síntomas y patologías.** Buscar quién ha sufrido la misma enfermedad, síntoma o bloqueo que tú. Investiga todo lo relacionado con tener hijos; con embarazos, abortos, bebés, niños o parturientas fallecidos; con patologías derivadas de los embarazos y partos, o previas a estos, y cualquier información dramática asociada a la fertilidad, el embarazo y la maternidad.

- **Historias varias y hechos destacables.** Haber vivido una guerra, ruinas económicas, robos…; problemas de herencias, hijos ilegítimos, engaños, adulterios, incesto, violaciones, abusos sexuales, niños con discapacidad física o psíquica, muertes inesperadas, abortos, accidentes, suicidios…; actividades realizadas de forma exagerada, semejanzas y afinidades, relación dramática madre-hijo... Cualquier información que recabes en tu historia familiar es válida, aunque para el tema que nos ocupa nos centraremos en lo relacionado con los traumas de madres o hijos en cualquier aspecto, o en situaciones terribles en las que se ha perdido el sentido de vida.

- **Secretos familiares.** El denominador común es la vergüenza, algo que se siente como un estigma en el clan y se mantiene escondido. Nuestra sintomatología tiene mucho que ver con los secretos familiares, que salen a la luz en forma de conflictos o bloqueos en nuestra vida y nuestro cuerpo. En un pasado aún reciente, muchas situaciones o eventos suponían una deshonra y se ocultaban, como quedarse embarazada sin estar casada, o el adulterio, o los hijos con alguna deficiencia...

No pierdas detalle. Y presta especial atención a la **línea ancestral femenina.** Es muy potente la información transmitida de mujer a mujer.

La Universidad de California, en San Francisco (Estados Unidos), ha realizado una investigación con diferentes familias que demostraba por primera vez cómo las hijas heredan la estructura del cerebro emocional de sus madres.

Las estructuras de los circuitos córtico-límbicos (asociados a las emociones) se transmiten más a menudo de madres a hijas que de madres a hijos o de padres a hijas o hijos.

La información del sistema límbico controla respuestas fisiológicas ante estímulos emocionales, y según este estudio, algunas de esas respuestas son heredadas, es decir, se producen en nosotras cuando realmente el origen ha podido iniciarse en nuestra madre, nuestra abuela o incluso varias generaciones más atrás.

Así que... ¿cuáles han sido los pensamientos, las emociones, las vivencias y los aprendizajes de tu línea materna ancestral femenina?

— ¿Cuál ha sido y es la autoestima y el poder de tu madre?

— ¿Y el de tu abuela, y el de tu bisabuela, y el de tu tatarabuela…?

— ¿Cuál ha sido la sensación de culpa?

— ¿De impotencia?

— ¿De incapacidad de hacer otra cosa?

— ¿De resignación?

— ¿De sumisión?

¿Qué han vivido respecto a la sexualidad, la maternidad, el parto…? ¿Y qué puedes haber heredado tú de todo eso?

En todas esas mujeres que conforman el inconsciente colectivo femenino, mucho más poderoso y más subconsciente aún que el individual o el familiar, existen estas memorias que nos afectan a todas. A lo largo del tiempo, el poder femenino se ha ido deteriorando y perdiendo valor hasta hacerse muy chiquitito; como consecuencia, en la actualidad se halla profundamente dañado.

Las mujeres de nuestra época encontramos serios problemas para concebir y tener hijos, y en mi humilde opinión la causa no estriba exclusivamente en que ahora esperamos más, sino en que arrastramos algunos bloqueos que llevan siglos gestándose y hoy estamos dando a luz (paradójicamente sin dar a luz) los resultados de años de sufrimiento, de desvalorización, de sumisión, de relaciones sexuales no deseadas, obligadas y no satisfactorias, de la prohibición del placer, de engendrar hijos sin desearlo, de vivir el dolor de la pérdida de la descendencia y otros estigmas relacionados que nos han marcado durante generaciones, y que han hecho que nuestra línea femenina esté terriblemente lastimada, hasta el punto de debilitar ese poder creador que hay innato en cada mujer.

Todas hemos estado dentro del útero de todas nuestras antepasadas

Con todo esto de la herencia matrilineal, quizá ahora entiendas por qué es tan importante y profundo trabajar las memorias uterinas, puesto que todas y cada una de nosotras, de útero en útero, transmitimos esa información.

Éramos un feto dentro de mamá, y de la mamá de nuestra mamá, porque cuando mamá se estaba formando en el vientre de la abuela, en ella ya existía un óvulo que en el futuro daría lugar a nuestra vida. En otras palabras: una parte de ti ha estado en el interior del útero de tu abuela, y así en cada una de las mujeres hacia atrás.

Párate a pensar un momento en las décadas que dedicaron las mujeres de tu clan a la maternidad. Era su papel, la tarea que se les había asignado, servían para eso… ¿Y las que no? ¿Carecían de valor? Quizás nuestra biología, en nuestro afán actual de servir para mucho más, se esté rebelando silenciosamente…

También es interesante recordar que Oriente, tanto en la doctrina hinduísta como en la budista, existe la idea de la reencarnación, es decir, la posibilidad de que una persona haya vivido otras vidas y que sucesos y experiencias de vidas anteriores hayan dejado su impronta en la actual. ¿Es posible? Mi consejo es que dejes de aprender, **conocer, preguntar, demostrar… y empieces a experimentarlo. La prueba palpable de la experiencia propia es algo que nadie te podrá negar.**

Para muestra, un botón…

Aborté voluntariamente a los 25 años, y tiempo después, comprendí que aquel aborto me conectaba con un sufrimiento mucho más profundo y antiguo. Me di cuenta de que la memoria de un episodio tan dramático como ese, la memoria de haber atentado contra el poder sublime de la creación, había dejado en mí la huella de una culpa que marcaría mi existencia de forma determinante.

Perdí luego otros bebés de manera involuntaria… al menos conscientemente. Fueron falsos positivos de esos que te regalan la ilusión para luego arrebatártela y desgarrarte por dentro. Entendí que en realidad mi biología estaba respondiendo a una decisión de mi inconsciente, que había pactado conmigo hacerme revivir el dolor de un error imperdonable. Me llevó incluso al límite de poner en riesgo mi vida con un embarazo ectópico, que desangró todas mis emociones cuando tuve que despedir a ese hijo que no llegó a nacer. Una experiencia terrible la del dolor consciente, pero necesaria, porque solo así se va para siempre.

Pensé que nunca más podría ser madre y me sumí en un estado de hondísima tristeza y desesperanza… que conseguí remontar, porque las cicatrices hacen fuerte y son la muestra de que se ha cerrado una herida.

Pero en mi historia había otras cicatrices… Después de mí, mi madre no había conseguido quedarse embarazada nunca más, a pesar de intentarlo en sucesivas ocasiones. Solo abortos. Yo misma había elegido vivir aquella experiencia de ser hija única, y el destino hoy me dejaba sola también sin hijos.

Solo cuando aprendí todo lo que necesitaba, y solo entonces, logré un embarazo. Sin embargo, el miedo a perder a mi pequeño me atenazaba, soñaba que lo sostenía ensangrentado y se moría en mis brazos, me despertaba sobresaltada por la pesadilla que se repetía noche tras noche…

Además, a lo largo de esos nueve meses fui testigo de las pérdidas de numerosas mujeres, y mi "estado de buena esperanza" se convirtió más bien en un proceso agónico, en una carrera de obstáculos plagada de dificultades… hasta que por fin nació Mateo, la chispa, la luz, la fuerza, el nexo de conexión con mi propia vida.

Aun así, los temores no se disiparon. Regresaron las pesadillas de ver a mi niño muerto. Y empezaron a consultarme mujeres que también temían por las vidas de sus hijos. Sus historias resonaban en mí como un tambor que hacía eco, el eco de mi propia experiencia reflejada en la de ellas.

Yo las ayudaba a conectar con las memorias transgeneracionales de sus antepasados que realmente habían sufrido ese trauma tan grande, para que de ese modo aflorase el dolor que siente una madre cuando pierde a un hijo.

No obstante, mis terrores persistían… Hasta que un día, indagando en mi interior, tomé conciencia del significado de aquel pacto entre mi alma y yo misma: la angustia de ver morir niños, de que no nazcan otros o el miedo a que se mueran era necesario para equilibrar mi carga. Esa huella, junto con alguna otra, eran deudas que ahora tenía la oportunidad de saldar al acompañar a otras mujeres en el proceso contrario, ayudándolas en la sanación de esos conflictos que obstaculizan sus embarazos. Se me ofrecía una nueva oportunidad de liberar todo aquello para poder perdonar y perdonarme, descargar mi mente y agradecer el aprendizaje.

A día de hoy, sé con absoluta certeza que todo lo que nos ocurre tiene un sentido: son experiencias para calibrar y equilibrar emociones, para aprender, para aceptar, para compensar... Es una vía de liberación de la mente, que encuentra esa forma de librarse de las emociones que aprisionan, de las creencias dolorosas, de los pensamientos repetidos de odio y tristeza, de la culpa… Una vía de liberación que conduce al perdón. Porque el perdón no lo otorgan la penitencia o el castigo, sino la sanación de las emociones dañadas.

¿Te parece que no hay causas en alguna de estas cuatro etapas para tu problema de fertilidad?

Estoy segura de que tu respuesta es "¡sí! He encontrado algo en alguna de ellas y tiene todo el sentido".

¿Cómo se cambia eso?

Ahora, como cabe esperar, nos preguntaremos: ¿Y cómo hago para cambiarlo? ¿Cómo se trabaja?

Haciendo el camino inverso y cambiando el sentido con el que se vive la causa original.

De forma esquemática, el de cómo comienza y termina el problema es el siguiente:

> Hecho ocurrido.

↓

> Vivido de una forma determinada e individual.

El **sentido que cada uno le da** es dramático, emocionalmente intenso, no se expresa, no le encontramos solución y una necesidad vital queda pendiente en nosotros.

↓

> La biología da la solución de supervivencia, evolución y adaptación.

Por eso, cada síntoma o la ausencia de este es una metáfora corporal del conflicto o la solución.

↓

> Aparece el síntoma, llamado "problema".

En este caso puede ser no quedarnos embarazadas, ausencia de regla, endometriosis o un aborto.

↓

> Problema de fertilidad.

El **recorrido inverso**, necesario para el cambio, sería el siguiente:

> Partimos de un problema de fertilidad.

Puede ser que nunca se haya producido la fecundación, ausencia de regla, endometriosis, abortos…

↓

> Encontramos el síntoma o lo que hemos llamado el "problema".

Para la biología, ese síntoma concreto es la solución.

↓

Observamos por qué la biología ha dado esa solución de supervivencia, evolución y adaptación.

Nos planteamos el porqué o el para qué de esa respuesta biológica, y vemos qué emociones y pensamientos inconscientes hay asociados con el síntoma o "problema".

↓

Llegamos a un hecho ocurrido.

El hecho que un día se vivió con esa emoción y esos pensamientos, con ese sentido que se le dio particularmente dramático e intenso. En ocasiones, se localiza en la vida cronológica de la mujer; a veces, en su período fetal gestacional, en su concepción o en la memoria de sus padres, de sus antepasados o en una información que arrastra.

Es fácil comprobar el funcionamiento de esta cadena cuando se llega a la emoción que se busca. Surge de manera espontánea porque existe y reside en el interior; no es algo que se pueda entender, sino que se trata de algo que se puede experimentar y sentir, y desde ahí, expresar. Y en ese instante de la liberación se produce el cambio de sentido. Es entonces cuando la biología ya no necesita adaptarse a esa información.

El inconsciente biológico va aún más allá… Dependiendo de la parte del cuerpo donde se localice el síntoma, el sentido del conflicto será diferente: si es en un ovario, lugar donde se origina el folículo y la célula que dará origen a la vida; o en una trompa, que es el pasillo, la cinta transportadora que lo hará llegar hasta el lugar donde anida, además del sitio donde se produce la fecundación, la aceptación de lo masculino, de la unión; o en el útero, donde se implanta y echa raíces para arraigarse, plantarse y crecer, ahí empieza a alimentarse de su tierra, de su madre.

Padecer un síntoma (endometriosis, ovarios poliquísticos, etc.) cuya consecuencia es un problema de fertilidad tiene otro origen de carácter emocional, y esa es la clave.

¡Ten en cuenta que no quedarte embarazada es un síntoma y un problema de fertilidad!

¡Y que quedarse embarazada y perderlo también es un problema de fertilidad!

Para cada uno de ellos hay un sentido biológico de supervivencia (la propia, la de otro o la de la especie), que dependerá de una necesidad o carencia que acusamos, según como afrontamos la vida.

Nunca la causa es lo que ocurre fuera, sino cómo yo lo vivo. Nunca responde a una lógica puramente mental, intelectual o racional, sino que es una lógica en el cuerpo, arcaica, sencilla, animal…, que es la que lucha por garantizar nuestra supervivencia.

La lógica mental se encarga de intentar convencerte de que no pasa nada, de que aún eres joven, de que tienes tiempo para ser madre, de que si no tienes hijos, pues tampoco son imprescindibles... Pero esta lógica no vale cuando para ti un hijo constituye un pilar fundamental en tu proyecto de vida, y entonces es posible que tu naturaleza reaccione creando quistes en los ovarios, como una metáfora del ser que deseas engendrar. Así se comporta tu lógica corporal, y esa será la que escuchemos.

Recuerda que solo hay una persona que sabe el origen de tu "problema": TÚ.

Así que toma conciencia y escucha esa parte de ti que no habla en el lenguaje de tu mente, sino de tus emociones, tus intuiciones, tus sentimientos, tus sensaciones…

» No lo olvides: la respuesta biológica o el bloqueo físico **no** son el problema, son **la solución...**

a otro problema...

QUE NO ES FÍSICO.

Solo así entenderás la verdadera causa de tu infertilidad.

» Preguntate: ¿Cuál puede ser la información emocional inconsciente?

- En tu vida.
- En tu vida intrauterina y tu nacimiento.
- En la vida de tus antepasados, en tu herencia emocional.

» Que hace que lo que te ocurre pueda ser una solución.

» Dispondrás de un nuevo manual de instrucciones para tu vida, que te permitirá cambiar tu respuesta biológica.

Capítulo 4
Cincuenta bloqueos frecuentes en los problemas de fertilidad

No es el momento adecuado… laboralmente (no tengo trabajo, o tengo demasiado trabajo), económicamente, familiarmente… Aunque esta idea es muy común, no basta con pensarlo, tiene que haber una emoción suficientemente intensa como para provocar más estrés que el hecho de no quedarte embarazada; por ejemplo, un fuerte impacto emocional por haber vivido el despido de una compañera embarazada en una situación dramática, y es esto lo que ha quedado grabado.

No es la pareja o el padre adecuado, porque algo me dice que no voy a poder contar con su ayuda, sé que este hijo va a ser solo un peso, una carga y un trabajo para mí. O tal vez exista otra razón inconsciente que provoca un estrés intenso respecto al padre de ese futuro hijo, que es nuestra pareja. Puede que desconfiemos de él, que sintamos rencor, que nos haya sido infiel, que creamos que va a portarse mal con el niño o que nos abandonará cuando nazca… y como verás, muchas veces esta historia reproduce cualquier otra que has vivido antes, con tus propios padres u otros miembros del árbol genealógico. Este tipo de conflicto a menudo está presente también en mujeres que intentan ser madres solteras y no lo consiguen.

Hombre peligroso o padre peligroso. Mal referente de padre. El que nos pone en peligro porque se va o incluso fallece (que no deja de ser una forma de abandono) y nos precipita al riesgo del abandono que supone carecer de la figura de padre.

Madre peligrosa. Madre ausente, que ha muerto o que ha abandonado. Los referentes maternos, igual que los paternos, influyen de manera determinante cuando nos vamos a convertir en madre o padre, ya que tenderemos a repetir o a reparar esquemas, lo cual representa un bloqueo fortísimo, como el que te explico a continuación.

Mal referente de madre. No me gustan las referencias que tengo como madre, mi madre ha sido una madre terrible y cuando me convierta en madre seré como ella.

No quiero que se parezca a mi familia. Necesito romper con mi clan, renegar de mis genes.

No quiero que se parezca a la familia de mi pareja.

No quiero que mis hijos vivan lo que yo he vivido, porque es aterrador y grabamos la historia que siempre se repite… Aquí también puede haber memorias de antepasados que sufrieron guerras, fusilamientos, encarcelamientos y situaciones terriblemente trágicas.

Ya soy madre, simbólicamente tengo a mi madre como hija, o a mis hermanos, o a mi padre... Soy la madre de todos, el sitio de los hijos ya está ocupado. A veces, esto ya está programado en nuestra propia concepción, en nuestro proyecto sentido. **Obligación de cuidar** de mis padres, de uno de ellos o de un abuelo o abuela, de un hermano… por el deseo frustrado de alguien de nuestro clan que no puede cuidar a otro. Concebida para hacer lo que mi madre no puede hacer: cuidar de su madre. Yo lo haré, así que no puedo tener hijos porque significaría "incumplir el trato".

Más conectada con la muerte que con la vida. Por alguna muerte muy traumática en nuestro entorno que nos ha dejado bloqueadas sin hacer el duelo. Porque hemos asistido a muchas muertes en nuestra vida y esos duelos están bloqueados, sin resolver, o porque compartir esa energía es una forma inconsciente de estar en contacto con los muertos. Porque fuimos concebidas para sustituir a un bebé que había muerto. Porque durante nuestra vida fetal se produjo alguna muerte muy traumática para nuestra madre y ella se quedó en esa energía igualmente. Porque en el transgeneracional de la historia familiar hay muchas muertes.

Los niños se mueren. Muertes traumáticas de recién nacidos, niños pequeños, en la vida o en el transgeneracional. Abortos también. Esto implica mucho sufrimiento, y para que no se repita, no me quedo embarazada.

Tengo que dar vida a otros. Suelen ser memorias de lo vivido durante nuestra concepción, nuestro proyecto o nuestra gestación. Dar vida a mi propia madre que estaba como muerta, o a un ser querido que falleció cuando mi madre estaba embarazada de mí, o a otros miembros del clan que fallecieron prematura o trágicamente y el inconsciente familiar trata de darles vida a través de mí.

La pareja se muere o se marcha cuando se tiene un hijo. Revisa si hay historias de este tipo en tu árbol o en tu vida.

Conflicto estético. Pienso que me pondré gorda, fea. Me parece que nadie me querrá cuando mi pecho sea voluminoso, cuando se deforme mi cuerpo y ya no resulte sexy. No le gustaré a mi pareja, sentiré vergüenza de mostrar mi cuerpo… Detrás de este tipo de conflicto suele haber algo más profundo que la estética en sí, y es que se note la tripa. Porque seguramente hubo antes algún embarazo que la madre, la abuela, la bisabuela u otra mujer de la línea ancestral tuvo que esconder (o así lo hubiera deseado)¿Cuál? ¿Por qué?

Que no se repita mi nacimiento. ¿Cómo nací yo? ¿Cómo fue el parto de mi madre? ¿Hubo complicaciones? ¿Fue traumático? ¿Estaba sola? Si el primer impulso de vida va asociado a un episodio traumático, la vida se complica. Nunca mejor dicho…

El embarazo o el parto ponen en peligro tu vida o la del bebé. Embarazo o parto asociados a peligro o muerte. Quedarse embarazada es peligrosísimo y acarrea muchos problemas, incluso una posible muerte.

Me he quedado sin niñez. He tenido que crecer demasiado rápido y me he perdido la infancia; me ha tocado asumir responsabilidades y madurar muy pronto, y me han privado del derecho de ser niña. **Solución: no crecer.** Y como la biología recibe este mensaje, a veces impide que crezcan los ovocitos o los embriones.

Prohibido crecer. Tengo que seguir siendo la niña de papá o de mamá, de manera que no me puedo convertir en mujer (y tampoco en madre). Mi madre se muere si no me puede cuidar, su ilusión de vida es cuidarme como una niña, solo puedo existir como hija. No puedo ser adulta porque mis padres me dejan de querer o se mueren. Cualquier programa de mantenerse niña o niño, o prohibición de crecer, hace que el adulto no pueda procrear, es una forma de mantenerse en la infancia. A veces sustituimos simbólicamente a un antepasado que falleció de pequeño y se nos asigna ese rol, que debemos mantener. Por tanto, como los niños no tienen hijos, cualquier intento de concebir está abocado al fracaso.

Este clan, o parte de él, tiene que morir. Por ningún medio se consigue un embarazo, ni siquiera con tratamientos. Los embriones no sobreviven, no evolucionan, para que el clan tampoco sobreviva o evolucione. Porque hay algo que ya no se puede solucionar, es necesario que muera para acabar con ello. La solución pasa por no continuar con esa especie, por no procrear. En este sentido, es muy ilustrativa la metáfora del manglar.[2]

---

2   El manglar es un árbol de zonas tropicales que vive en agua salada. Tiene unas largas ramas que crecen hasta hundirse en la tierra; para asegurar la supervivencia, algunas de ellas absorben toda la sal y mueren para que el resto viva. A veces una parte del árbol decide no procrear para «matar eso que ya no vale» y que de esa forma el resto sobreviva y evolucione.

No me deseaban, como ser o como niña. Mi madre sintió: "no quiero que nazca". Ese mensaje queda grabado en mi inconsciente, como una impronta latente que me hace no desear mi vida, porque no tengo derecho a ella ni la vida tiene derecho en mí. Suele ocurrir cuando los padres se enteran de que esperan un hijo, piensan en interrumpir el embarazo o la madre intenta provocarse un aborto.

Contradicción. Sí…, pero no… En ocasiones se produce la concepción y hay un embarazo ectópico, que por alguna razón está fuera de lugar o no encuentra las condiciones necesarias y acaba en aborto. Puede ser lo mismo que nosotras sentimos en nuestra vida uterina.

Incesto, seguido de embarazo. Lo que queda grabado es un rechazo al embarazo.

Mujeres que están **más en lo masculino que en lo femenino.** Veo en lo femenino algo peligroso o sucio, o demasiado débil y sumiso. A veces hay memorias de abusos. Puede haber también desarreglos hormonales, con niveles más altos de testosterona, etc. Rechazo mi feminidad porque mis padres querían un niño y siento el rechazo como mujer.

Problemas sexuales, de placer, de la energía sexual y la chispa de la vida. Aquí reside el poder de la creación. Si no tengo placer, si no me permito el placer, si no puedo disfrutar del sexo, de esa energía sexual creativa, si no me creo una diosa creadora… es muy difícil concebir una nueva vida. A veces hay relaciones sexuales vinculadas a algo terrible, una gran frustración sexual, etc.[3]

Problemas de autoestima y de capacidad para crear, bien porque nos han desvalorizado o porque nos han sobreprotegido. Yo no puedo, sola no puedo, necesito ayuda externa para todo. El poder no está en mí.

La desvalorización heredada de la línea ancestral femenina.

Desconectada del amor. No me creo capaz de cuidar o dar amor, porque no lo he recibido y siento que no seré capaz de ofrecerlo.

Unión simbólica – Unión "legal". Memorias de mujeres que se han quedado embarazadas sin haber contraído matrimonio (o al margen de él) y se vieron sometidas al juicio, la vergüenza o la expulsión de la familia o del pueblo, o al rechazo del marido. Puede que si tú estás soltera, ya que ahora es frecuente no casarse, tu inconsciente diga no al embarazo para no repetir ese trauma que tienes grabado.

Mujeres con **muchos hijos** que han sido el drama de su vida. La solución es no tenerlos, como a ellas les hubiera gustado.

---

3   Por el alcance y particular relevancia del tema de la sexualidad, he ampliado la información sobre este bloqueo al final, en el apartado 4.1., que lleva el título "Reproducción, sexualidad y fertilidad".

Hijos abandonados o a los que se les ha matado, en el transgeneracional o en vidas anteriores. No se valoró el regalo otorgado por la vida y ahora hay un castigo o una especie de deuda que se ha de saldar.

Aborto voluntario y la culpa posterior. Una parte se ha desconectado de la maternidad para no sentirse tan culpable ni sufrir ese dolor.

Los niños robados, que han dejado un dolor inmenso en las madres, cuyo inconsciente teme que se repita.

¿Qué es lo que **no es normal** en tu vida? ¿Qué es lo que no te parece normal vivir o haber vivido? Cuando sientes que algo se aparta de la norma o no lo crees normal, el niño no tiene cabida. No puedo acoger este niño en esta casa, en esta situación, en este tipo de relación, en estas condiciones que para mí no son normales, etc.

No quiero que se repita el embarazo, el de mi madre (cuando me gestó a mí) o uno propio de otro hijo. Un embarazo despierta memorias de embarazo.

Miedo a un niño con problemas, con una discapacidad física o psíquica, quizás por un drama vivido en el clan que no quieres que se repita porque es una vergüenza, una desgracia…

Hijo de reemplazo. Si mis padres perdieron un bebé del que no han hecho el duelo y yo he llegado para sustituirlo, puedo tener la sensación de no ocupar un lugar correcto en la familia, encontrar impedimentos para realizarme en la vida, no sentirme reconocida ni escuchada o mirada por quien soy; puedo presentar una actitud de inmovilidad en diferentes aspectos, dificultad para experimentar el placer de vivir y culpabilidad cuando se disfruta, cargar con una existencia dolorosa y con la obligación de hacer felices a mis padres antes que a mí misma. Esta dura misión es capaz de imposibilitarnos para tener hijos. Se sacrifica la propia existencia y la persona vive otra que no le pertenece.

Gemelo perdido. Memorias de embarazos múltiples; incluso de nuestra propia gestación, compartida aun sin que nuestra madre lo supiera. Esa primera pérdida nos ha podido estructurar para el futuro sin saberlo.

Agotada. Se han acabado las fuerzas, la energía, las ganas de seguir… ¡El cuerpo necesita energía extra para concebir y gestar!

Creencias limitantes. Los hijos te quitan la libertad, se te acaba la vida, rompen la pareja... Crees que no podrás ser una buena madre y que no merece la pena traer hijos a un mundo tan hostil.

Pérdida de la esperanza y de la magia. Los milagros han existido siempre y siguen existiendo; hay que retomar nuestra conexión con esa magia que hace posible lo que te parecía inalcanzable.

Enfocada y estructurada en lo negativo y en el problema, en vez de en lo positivo y en el objetivo. Estado emocional incorrecto.

Estructurada y acostumbrada al sufrimiento. Mamá maltratada en el embarazo, después del parto y en su vida cotidiana. Si creo que lo normal es sufrir, ¿cómo me va a suceder algo bueno a mí o a mis hijos?

No entender aumenta el bloqueo. Entender el origen del problema y el problema como la solución. **El mensaje** de los abortos y de esos niños que se han perdido y todo lo que te está ocurriendo y el porqué en este proceso pueden desbloquear una parte importante. De lo contrario, buscarías respuestas donde no las hay.

El síndrome del embarazo bloqueado, es decir, el doble bloqueo. Como no conocíamos el problema original, llevamos mucho tiempo intentándolo sin resultado o se han producido varios abortos, y ahora surge un segundo problema que se ha creado y es el miedo a no conseguirlo o a perderlo. Te crees incapaz porque has sumado tiempo de resultados negativos por no entender la verdadera causa.

Desencarnada. Mujeres que han perdido el contacto con su cuerpo. Muy mentales. Precisan la reconexión y reconciliación con el cuerpo.

El valor de la vida. Aprecio la vida, acepto la vida, agradezco la vida, celebro la vida. ¿En algún momento te desconectaste de esto?

Fechas grabadas y ciclos biológicos memorizados. Conflictos conocidos como el "síndrome de aniversario" y curiosas repeticiones que no sabemos ver, como una patología a la espera de ser reconocida o resuelta.

El amor fuera de la familia es peligroso, relaciones y casamientos dentro de la familia. Esto se convierte en un nuevo problema, ya que se rebasa el límite del amor fraternal, de manera que se corta e impide la descendencia.

Hijos bastardos. Descendencia de hijos ilegítimos que parecen no tener derecho.

Incesto simbólico. A veces hemos buscado en nuestra pareja a nuestro padre, nuestra madre, abuelo o miembros del clan que hay que traer de nuevo para reparar su ausencia, pero luego es difícil concebir simbólicamente con ellos…

Evidentemente, la lista no termina aquí.

¿A que has encontrado en tu historia más de un bloqueo?

Por eso estoy segura de que si tienes en cuenta todo lo que has leído hasta aquí, podrás entender la verdadera causa de tu infertilidad. Será un nuevo manual de instrucciones para tu vida, que propiciará una nueva respuesta biológica.

Una nueva forma de ahorrar tiempo, dinero y sobre todo… sufrimiento.

Seguir con tests, obsesión, culpa, frustración, posturas, piernas en alto, dietas y hierbas, y ese largo etcétera que hasta ahora no te ha funcionado, solo conduce a un nuevo problema, lo que yo he llamado el "síndrome del embarazo bloqueado".

Recapitulemos:

1 – El verdadero problema no es físico y es la "solución" al verdadero problema.

2 – El ADN contiene información emocional inconsciente codificada.

3 – Esta información puede ser generada, gestada o heredada.

Los cambios positivos que obtendrás de esto son muchos:

— Harás realidad el sueño de estar en casa, de viaje o donde sea con tu hijo, tu pareja, tu familia…, compartiendo abrazos, riendo, haciendo bromas, viendo cómo juegan.

— Podrás ampliar la familia para que los niños jueguen juntos.

— Sentirás la plenitud de ver completa tu familia, alegres y evolucionando y creciendo juntos. Serás feliz aprendiendo y enseñando a tu bebé, al que tienes tanto amor por dar. Sé lo que se siente, que si uno ya es feliz y se ama, ¡imagínate poder sumar esa dicha!

— Lograrás más fácilmente ese "positivo", que verás borroso entre lágrimas de emoción, y por fin dirás la ansiada frase: "Estoy **embarazada**". Dar a todos la gran noticia, observando sus caras de alegría y recibiendo felicitaciones, es uno de los momentos más emocionantes de nuestra vida.

— Estarás más unida que nunca a tu pareja, al compartir vuestra ilusión cada día, al predecir cada noche cómo va ser vuestro nuevo futuro, vuestro nuevo proyecto, vuestra nueva vida... Al recuperar la ilusión, la energía, la alegría y la sexualidad que nos pone en contacto con la energía vital.

— Pero sobre todo, volverás a disfrutar de la vida como antes o incluso más.

— Sabrás cómo recobrar la ilusión, disfrutar, y vivir una vida feliz, incluso antes de ver tu sueño cumplido... **Porque el proceso también se puede vivir de otra forma.**

— Y sabrás cómo liberarte de esas cadenas invisibles que te mantienen donde estás ahora mismo.

Pasarás por un **proceso de transformación único.**

Reproducción, fertilidad y sexualidad

En pleno siglo XXI, la sexualidad continúa siendo un tema tabú. Y la asociamos con fertilidad o reproducción, pero en realidad esos tres términos son mucho más amplios.

Reproducirse es vital para el humano y para la especie. Tiene que ver con la supervivencia, con el instinto de perpetuar la especie, de sobrevivir como individuo y como clan, como colectivo y como seres humanos… Y al reproducirnos, lo hacen también nuestras creencias, valores, memorias, experiencias, emociones, vivencias… Así que la sexualidad ocupa un amplio lugar en el inconsciente.

Con la **fertilidad** ocurre lo mismo. Significa mucho más que tener un hijo o quedarse embarazada, o parir, o poder concebir o no. Es un proceso de creación, lo más cercano que hay a Dios… Porque cuando hablamos de fertilidad, hablamos de esa parte nuestra que nos hace parecer un poco dioses y diosas, ¿no? El poder creador, y por supuesto, el poder de vivir.

En cuanto a la **sexualidad**, tampoco se limita al hecho de tener sexo con otra persona o con uno mismo. No se trata de algo exclusivamente genital, sino que se extiende a otros niveles: físico, emocional, mental, inconsciente, consciente, individual, colectivo… incluso energético o espiritual. Consiste en un intercambio, y por tanto, en él se juegan valores, roles de género, la identidad de cada uno, la afectividad, la intimidad…

A través de la sexualidad nos comunicamos, nos transmitimos un mensaje, que puede llegar o no, según cómo nos encontremos de receptivos. De manera que si nos cuesta hablar de sexo, porque es tabú, tampoco podremos hacerlo acerca del placer, la unión, la conexión, el amor, la espiritualidad o tantos otros aspectos que intervienen en la sexualidad… como el posicionamiento de lo femenino y de lo masculino: si lo femenino no se posiciona, lo masculino no puede hacerlo.

En las conversaciones, en la interacción cotidiana, todo el rato hay sexualidad. Siempre hay uno dando o penetrando y otro recibiendo. Uno en actitud de ofrecer y otro en actitud de acogida. Si no, no existe relación en ningún sentido. Por eso, muchos bloqueos en la sexualidad más carnal conducen a bloqueos en otras formas de dar y recibir. Y esos conflictos van a aflorar a través de muy diversas manifestaciones biológicas: desde problemas en el aparato reproductor o urinario hasta sobrepeso, desarreglos hormonales, afecciones dermatológicas o baja autoestima, por poner algunos ejemplos.

O también el cansancio, por cierto, muy frecuente. Si la energía vital está mermada, eso quiere decir que el poder creador ha sufrido algún tipo de impacto. Seguramente la persona ha vivido alguna situación traumática, que emocionalmente le ha causado un *shock*; el cerebro ha recibido esa información y la ha transmitido a su biología, que reacciona con un síntoma (en este caso, un profundo agotamiento tras llevar meses intentando, por todos los medios —físicos y mentales—, encontrar una solución).

Epílogo

¿Quién es Patricia Bartolomé?

Una mujer como tú y como cualquier otra. Única al mismo tiempo, como cada persona y cada caso.

Me defino haciendo uso de las palabras de Pau Casals:

¿Quién SOY realmente?
YO SOY, al igual que tú, una maravilla…

Como tú, he aprendido a decir que "soy" ingeniera, estudiante de psicología, eterna estudiante… *coach*, psicobioterapeuta, mujer, hija, madre, no muy alta, morena de piel, buena comunicadora…

Pero no, no soy eso; eso es lo que hago, mi profesión, parte de mi formación, algunas de las funciones que desempeño, algunos de mis roles en la vida cotidiana, alguna de mis habilidades…

Lo que realmente **soy**, mi esencia, al igual que **tú**, como dice Pau Casals, consiste en un **ser** maravilloso al que desde pequeña le deberían haber enseñado (además de que 2 + 2 son 4 o las capitales de cada país, o tantas otras cosas que no me sirven para **ser**) lo que hoy sé que **soy** y que tú **eres**; así que te digo: **soy** y **eres una maravilla**, un ser mágico, único, nunca habrá nadie como tú en el mundo, con tus piernas, tus brazos, tu sonrisa, tus talentos, tus habilidades o tu manera de moverte. Quizá llegues a convertirte en un Shakespeare o un Miguel Ángel, en Teresa de Calcuta o Beethoven… y conquistarás tus sueños, como el de ser madre, porque sé que tienes todas las capacidades para ello, porque eres una maravilla.

Cuando tomes conciencia de ello, no te harás daño nunca más ni se lo harás a otro ser que, como tú, sea otra maravilla.

Y desde esa esencia es desde donde encontrarás la respuesta para **ser**, para **crear** otra vida y la tuya propia, de una manera sana, consciente, evolutiva, y feliz.

Si quieres saber algo más de lo que hago, te cuento:

Estudié y trabajé como ingeniera de telecomunicaciones muchos años. Después no he dejado de formarme e informarme, pero sobre todo de experimentar como psicobioterapeuta y terapeuta transgeneracional en asuntos relacionados con la genealogía, la herencia emocional, la epigenética, etc. Más preparación y títulos: experta en meditación, técnicas de relajación y visualización creativa, maestra en diversas técnicas energéticas y máster en Programación Neurolingüística.

En los últimos quince años me he dedicado a estudiar y comprobar los efectos de los pensamientos, de las emociones y de la energía en nuestra biología, la unión inseparable de estas cuatro partes que conforman el ser humano.

Asesoro y acompaño a personas con problemas diversos; entre ellos, todos los asociados con la fertilidad. He escrito varios libros sobre ese tema y el desarrollo personal, aparte de crear el método, el curso, el programa terapéutico y la trilogía *Las leyes de la fertilidad.*

Doy conferencias e imparto cursos en los que transmito todo lo que sé y lo que me ayudó a conseguir el objetivo de ser madre y a recuperar el poder creador que cada persona tenemos. Colaboro con diversos especialistas en esta materia: nutricionistas, psicólogos, ginecólogos o matronas, entre otros.

Y sigo… como una incansable investigadora del funcionamiento del ser humano, motivada por mi mentalidad científica y la búsqueda de soluciones, primero para mis propias vivencias personales, y en segundo lugar para que estas mismas sirvan de ayuda al mundo, que tan necesitado está de conciencia hoy en día.

En mi página web *www.patriciabartolome.com* puedes saber más sobre mí y mi vida, pero aquí te voy a contar la parte en la que coincidimos, esa de buscar un hijo que no llega…

Tenía treinta y dos años, ¡por fin llegó! Decidí que era el momento de hacerlo real…

Llevaba tiempo pensando y mi pareja ya lo había planteado en varias ocasiones, pero yo siempre estaba muy ocupada. La primera vez que lo valoramos tenía mi propia empresa, un socio, varios trabajadores, muchos clientes, muchas preocupaciones y un ritmo de vida poco propicio para criar a un hijo. Prefería esperar a que se normalizase la situación, también desde el punto de vista económico, pues vivíamos en plena crisis, nos debían casi medio millón de euros, nuestras oficinas estaban hipotecadas y nuestras propias casas las avalaban…

Me costó tantos quebraderos de cabeza aquel proyecto empresarial, que sabiendo ya lo que sabía, tras superar una profunda depresión y aplicar parte de lo que hoy enseño, rompí con todo y le propuse a mi pareja cogernos un año sabático. Fue el único al que le pareció una buena idea; para los demás, estaba loca. Tenía todo lo que la sociedad manda: una casa, un buen trabajo, mi propia empresa que funcionaba y nos daba dinero, una pareja estable… ¿Qué tocaba? ¡Tener un hijo! Y a nosotros nos rondaba en la cabeza. Pero nos tomamos una temporada de descanso; necesitaba cortar con todo lo que tanto me había estresado y volver renovada para comenzar con otros proyectos en los que ya me había embarcado y que me motivaban, a los que me dedico ahora. Entonces, buscaríamos un hijo. Quería adquirir nuevos conocimientos que me sirvieran para mi propósito profesional, y así fue, pero sobre todo quería aprovechar esos últimos momentos de libertad, viajar, dormir… y todas esas cosas que nos dicen que es mejor hacer cuando no tienes hijos.

Hoy sé, y te lo puedo decir con total certeza, que se puede seguir haciendo lo mismo. Todo depende de la elección y la actitud de cada uno. En ese momento no lo creía.

Regresamos con las pilas a tope para emprender otro rumbo, y de repente… ¿sabes de qué me di cuenta? De que tampoco era el momento, porque tenía que empezar casi de cero mi nueva andadura, por la que tan solo había dado unos pasos, picoteando, aprendiendo y aplicando en mi experiencia, pero había llegado la hora de meterme de lleno y ayudar a que el resto del mundo se encontrara mejor, a que encontraran la respuesta a los problemas, al origen de estos, igual que yo había podido encontrar soluciones y realizar cambios en mi vida a todos los niveles: amoroso, laboral y de salud. Nuevamente, mis objetivos profesionales y económicos ocupaban todo mi tiempo, y decidí esperar un poco más hasta alcanzar esa estabilidad que un hijo necesita. El resultado fue que volví al mismo punto en el que había empezado esta historia. Con grandes diferencias, la verdad, pero lo que vi claro es que nunca iban a darse las circunstancias perfectas, así que de buenas a primeras un día le dije a mi pareja: "Vale, venga, empecemos a intentarlo". Era enero y no me cabía duda de que en febrero ya estaría embarazada, puesto que había hecho todas las cuentas y lo había programado en mi mente. En marzo daría la noticia por el día del padre, ese verano las vacaciones serían de otra manera, esa Navidad tendríamos un bebé en brazos… pero… no había detallado en qué febrero sería…

Nuestra primera relación "en busca" ya fue diferente a las anteriores. Comprendí que en mi vida había dos tipos de relaciones sexuales: aquellas en las que la finalidad es concebir un hijo y otras en las que no. La predisposición, la naturalidad, el deseo, los pensamientos, las posturas y el final ya no son igual nunca más.

¡El primer mes yo notaba todos los síntomas! Diría más bien que justo después del acto sexual. No sabía exactamente qué me ocurría, pero yo ya lo sentía. Pasé unas cuatro semanas pendiente, pensándolo muchas veces, cuidándome como si estuviera embarazada y... ¡¡¡Tacháaaaan!!! Cuando debería haberme bajado la regla... nada... retraso. Estaba plenamente convencida de que me había quedado embarazada.

Y ahí empezaron las decepciones. "Embarazo bioquímico", me dijeron... Ese fue el inicio del largo recorrido que me quedaba por delante. No lo compartía con nadie, pero tenía la sensación de haber fracasado por completo. ¿Cómo podía ser? Había hecho todo lo que se supone que hay que hacer y no había pasado. No me lo podía creer. Cada día lo pensaba, y cada pensamiento era como una gota que va llenando un vaso, el vaso de la obsesión. Así pasé varios meses, preguntándome por qué yo no, por qué no me quedaba embarazada, por qué transcurrían los meses sin novedad, otra vez el drama en el baño, otra vez ilusionada por volver a intentarlo, aunque cada vez menos alegre, contando los días para llegar a ese pico de máxima fertilidad, quedándome con las piernas para arriba durante media hora después de cada relación, tomando superbatidos, supervitaminándome y supermineralizándome, con sobredosis de frutos rojos y frutos secos, minimizando la exposición a toxinas y comenzando a sentir desde el minuto uno todos los síntomas que indican un embarazo, seguidos de un nuevo desengaño.

"¿Qué hago mal?", "¿qué no hago?", "¿qué puedo hacer para obtener el resultado?". Me pregunté tantas veces lo mismo, con tanta impotencia y tanta desesperación, en la soledad de la separación hasta de mí misma… Nadie en mi familia lo sabía. Esperaba ese positivo para darles la gran noticia. No había nietos. ¡Les iba a hacer tanta ilusión…! Pero no ocurría… Cada mes me decepcionaba yo, y lo peor es que me parecía que los decepcionaba a todos. Me hacía la fuerte, cuando podía, con mi pareja, ocultándole mi gran angustia; mejor eso que intentar explicar tus sentimientos y comprobar que nadie te entiende. Quizá no fuera tan traumático para los demás, pero yo lo vivía así, y esa era mi realidad. Callaba para que no me tachasen de exagerada, para no oír que no me preocupara y para quitarle la importancia que por otro lado estaba cargando, para no causar (o causarme) más dolor.

Me volví a quedar en estado, pero lo perdí a los pocos días. Cuando creía que por fin lo había conseguido, entonces llegaba la pérdida, y eso era incluso más duro. Ahora entiendo eso de que es peor perder algo que conoces que no haberlo conocido…

Cuando tu objetivo de concebir un bebé se frustra una y otra vez, pasan por tu mente un montón de pensamientos terribles; y si logras engendrarlo pero se malogra el embarazo, te asaltan otras preguntas e inquietudes igual de dolorosas. Lo sé bien. "¿Pero qué he hecho yo?", "¿por qué no progresa?", "¿por qué no se queda?", "¿qué hay mal en mí?"… Me sentía tan culpable…

Seguía sin contárselo a nadie, solo mi pareja y yo lo sabíamos, y en esta ocasión también los futuros tíos…, pero tampoco ellos podían consolarme.

Nos fuimos de vacaciones para aprovechar y… desconectar. ¡Ja! Desconectar, ¡qué risa! Cuanto más tiempo libre, más tiempo pensando en lo mismo. Nos habían dicho que esperásemos un par de meses, aunque a mí me pudo la ansiedad y nos adelantamos. Ahí me di cuenta de lo importante que es aprender a esperar, a entender el proceso y a dedicar ese tiempo a hacer otras cosas que no sean los intentos desesperados.

Volví a quedarme embarazada. Y lo volví a perder.

El último aborto fue la gota que colmó el vaso, porque además ponía en riesgo mi vida. El embarazo ectópico fue el palo más gordo, tanto físico como emocional. Me encontraba muy mal, y tras atenderme de urgencia en el hospital, me anunciaron que estaba embarazada; entonces me alegré de que esa fuese la razón de mi malestar, pero enseguida se vino abajo la ilusión al saber que el embrión se hallaba implantado en una trompa y que había que provocar el aborto u operar inmediatamente. No sé qué me dolió más: si perderlo de nuevo o pensar que me podía morir. Y entonces, decidí desmayarme…

Lo que ocurrió después fue el primer cambio de todo, porque en ese momento comprendí el poder de mi pensamiento y de mi cuerpo.

El caso es que ninguna de las dos opciones que me habían dado fue necesaria (ni operación, ni medicación), porque se produjo el aborto natural ya iniciado en mi casa días atrás. "Esto no debería de estar permitido", pensaba yo… Me contaron tantas medias verdades que aumentaron mi desesperación y mi tristeza. Sentía miedo a que todo siguiera igual, a que nada funcionara, así como la impotencia de no saber qué hacer. Imaginarme el futuro sin hijos me mataba.

Nunca imaginé el daño que pueden causar los pensamientos negativos recurrentes. Necesitaba como el aire algo que me "desactivase la mente" al menos unos minutos; a veces sentía que me iba a estallar la cabeza. Creo que no permití que explotase para que nadie descubriera todo lo que pensaba y trataba de ocultar.

Al ingresarme y montarse el circo que se montó, se enteraron todos: amigos, familiares, vecinos… No me extrañaría que algunos —los más cercanos— necesitasen terapia para encajar lo sucedido; no tenían ni idea de que lo estuviéramos buscando, y de repente se encontraron con que estaba embarazada, me tenían que intervenir y finalmente el susto acababa con un aborto…

Mi madre me confesó después que cuando se lo comunicó a mi padre, cayó sentado en el sofá como si le hubieran dicho que me había muerto; no pudo hablar ni reaccionar en varios días. Luego entendí que para una parte de él había sido así: había conectado con todos los bebés que ellos habían perdido, y que para él en su día habían muerto. Yo tenía conocimiento de los abortos de mi madre, pero a través de esa vivencia pude conocer mucho más.

Mi padre, en su propia desesperación, me dijo que esto era lo más importante, que en sus tiempos no existían ni los medios ni los tratamientos de hoy en día, y que él pagaría todo lo que hiciera falta para que no viviéramos lo que ellos habían sufrido.

Es verdad que nosotros en aquel momento carecíamos del dinero, pero no quise aceptarlo ni hacerlo de esa manera. Sinceramente, creo que no habría funcionado en mí y que habría sido uno de esos casos en que después de un número determinado de estimulaciones, de inseminaciones o de fecundaciones *in vitro*, habría fracasado igualmente. Nunca lo sabré. Ese método es sin duda una ayuda, y en ocasiones la única opción, pero aquella experiencia significó un antes y un después, y los nueve días en casa sin apenas moverme me hicieron ver que tenía que parar, que tenía que trabajar y cambiar algo en mí, no sabía el qué, pero necesitaba cuidarme y esperar, y el proceso natural que se estaba produciendo me hizo entrar en contacto con mi cuerpo.

Durante meses me había distanciado de mi familia para no tener que contarles nada de lo que estaba pasando, no quería que nadie me preguntase, no me apetecía oír el: "Y vosotros, ¿para cuándo?", me volví menos sociable… Yo, que siempre me había sentido tan a gusto en sociedad, de pronto no tenía ganas de hablar, fui consciente de que mi carácter y mi salud habían empeorado mucho.

Esa terrible experiencia y esos nueve días de malestar y soledad fueron el punto de inflexión. Me di cuenta de que así no podía estar, que yo misma había cavado ese pozo sin fondo.

En cuanto me pude mover, sin demasiado ánimo me fui a impartir el taller de abundancia con el que iniciaba todos los años el curso trimestral para ayudar a las personas a conseguir lo mismo que yo en mi ámbito profesional: cumplir objetivos reales y lograr éxito y abundancia con ellos.

Así que convaleciente, pero aguantando el tipo, me presenté ante mis alumnos y les expliqué algunas claves acerca de cómo alcanzar sus metas. Para mí había sido fácil en los últimos quince años: había realizado diferentes cursos de desarrollo personal, en los que había aprendido todo tipo de técnicas de *coaching*, terapias energéticas, cómo funcionaban mis emociones, mis pensamientos, el poder de mis creencias y cómo el cuerpo respondía a todo ello. Conocía las leyes universales que rigen la vida, había conseguido todo lo que me había propuesto y les contaba cómo hacerlo; entonces alguien preguntó: "¿Pero esto es solo para el trabajo o funciona para cualquier otro objetivo?". Y yo le contesté: "No, no, para todo: para lo profesional, lo económico, lo amoroso, lo personal…", y en mi cabeza surgió la idea: "y para cualquiera que sea tu objetivo, por ejemplo, tener un hijo".

¿Cómo no se me había ocurrido? Disponía de todas las herramientas y las había aplicado para cambiar de profesión, salir de una depresión, irme de año sabático, encontrar mi casa, dejar de fumar, dejar de tener una diversa lista de síntomas físicos…

Tener un hijo era un objetivo más, de modo que empecé a adaptar y aplicar estas leyes al sueño de ser madre. Así empecé a estudiar mi propio curso y de ese modo comenzaron a gestarse "las leyes de la fertilidad". Meses después nació mi hijo, nacieron los cursos, el método y el programa de fertilidad que hoy ofrezco.

Yo ya había tratado a mujeres con este y con otros conflictos, y lo que hacía había funcionado, pero al pasar por ello pude descubrir, desbloquear, obtener la energía, enfocarme y materializar.

"Casualmente", empezaron a consultarme muchas mujeres con problemas de fertilidad, y en ellas también funcionaba.

En pocas semanas recuperé el estado emocional que había perdido tiempo atrás. Pude centrarme realmente en el objetivo y no en el problema. Disfruté de un embarazo maravilloso que llegó a término sin sobresaltos, con un parto sano y con un bebé sano.

Fue increíble el proceso porque el mayor reto de mi vida me permitió hacer un trabajo personal que me llevó a SER una persona diferente.

Lo mejor de todo fue la mujer en la que me convertí: una madre con mayúsculas, porque lo que pude aprender en ese proceso y cambiar en mí es algo que no podría haber hecho de ninguna otra manera más que así.

Quizás te suene muy raro e incluso muy fuerte lo que voy a decir, pero a día de hoy doy gracias a lo que me ocurrió, a mi hijo en un momento dado por no venir, a los que se fueron en el proceso… Porque la experiencia me ha permitido ser quien soy, una madre consciente sanada en su interior, con una nueva niña, una nueva adolescente, una nueva adulta y una nueva mujer de la que me voy a beneficiar el resto de mi vida, y mi hijo también.

Dicen que para cambiar a veces necesitamos tocar fondo, y yo he tenido ocasión de comprobar que cualquier mujer con problemas de fertilidad, en un momento u otro, toca fondo; esa es la oportunidad de tu vida para convertirte en otra mujer, en una nueva madre. Si no fuera por esto, ¿estarías leyendo este libro? ¿Qué estarías dispuesta a hacer por ti?

Las cosas no cambian porque queramos eliminarlas, no desaparecen, se trata de sustituirlas. Para quitarte el miedo necesitas instalar una certeza, seguridad y confianza; y por encima de todo **conciencia.**

No es cuestión de alimentar falsas esperanzas, sino de crear unas nuevas.

¿No es maravilloso poder hacerlo?

Mientras hay vida, hay esperanza; y mientras no hay vida, ¡también!

Se trata de **vida**, de vivir la vida. ¿Cómo la estás viviendo tú ahora mismo?

¿Funcionará en mi caso?

Carmen G. 38 años

Madrid, España

7 años de intentos

IA

3 FIV

Nunca embarazada

RESULTADO NEGATIVO

2015 *Las leyes de la fertilidad*

Resultado: **POSITIVO**

Se llama Hector

Johanna A. 40 años

Madrid, España

3 años de intentos

Nunca embarazada

2 FIV

1 ovodonación

4 transferencias

RESULTADO NEGATIVO

2019 *Las leyes de la fertilidad*

Resultado: **POSITIVO**

Se llama Martín

Julia F. 41 años

Madrid, España

3 años de intentos

1 embarazo espontáneo

1 aborto ectópico

1 sola trompa

Quistes en ovario

Seis años sin regla

2 IA

2 FIV

RESULTADO NEGATIVO

2019 *Las leyes de la fertilidad*

Resultado: **POSITIVO**

Se llama Mario

Pilar P. 45 años

Madrid, España

3 años de intentos

Ningún tratamiento por ser "imposible"

2015 *Las leyes de la fertilidad*

Resultado: **POSITIVO**

Un niño hermoso

Maria M. 39 años

Madrid, España

3 años de intentos

Baja reserva

X frágil

3 FIV

Solo posible por ovodonación

Nunca embarazada…

RESULTADO NEGATIVO

2018 *Las leyes de la fertilidad*

Resultado: **POSITIVO**

Dos gemelas finalmente con sus propios óvulos

Silvia F. 33 años

Alicante, España

9 años de intentos

IA y FIV

6 transferencias

5 abortos

RESULTADO NEGATIVO

2016 *Las leyes de la fertilidad*

Resultado: **POSITIVO**

2 niños preciosos

Sara B. 41 años

Madrid, España

1º hijo – 2 años y 1 IA

2 años de intentos buscando el segundo.

1 IA, 3 FIV

4 abortos

RESULTADO NEGATIVO

2019 *Las leyes de la fertilidad*

Resultado: **POSITIVO**

2020 embarazada de su tercero, de forma espontanea

Paula B. 44 años

Argentina

5 años de intentos

3 FIV + ICSI

3 embarazos, uno sin tratamiento

3 abortos

3 ovodonaciones

1 sola trompa

RESULTADO NEGATIVO

2019 *Las leyes de la fertilidad*

Resultado: **POSITIVO**

Se llama Emma

Referencias que dan esperanza (testimonios)

Entiendo que pienses que esto es raro, que parece que es casualidad, que estas mujeres no son como tú, que tu caso es diferente, que no sabes si lo que has leído tiene que ver con tu problema ni si puede funcionar para ti.

Comprendo que es nuevo, pero en realidad no tanto; lleva siglos funcionando en el ser humano, solo que tú no lo has sabido hasta ahora; y te rompe los esquemas, como cualquier cosa que descubrimos por primera vez. Pero constituye la base de nuestro funcionamiento biológico.

Puede que te encuentres en ese punto en el que piensas que solo te ofrezco un libro o un método más, información extra que procesar, que todo te resulta complicado y ya estás cansada… Pero te pido que no abandones esta parte de ti, porque es la que le da sentido a lo que te está pasando, y lo puedes comprobar tú misma si aplicas el conocimiento y las prácticas que te recomiendo. Se trata de un mecanismo que funciona de la misma manera en todos los seres humanos, así que funciona en ti también de manera inconsciente, aunque no te hayas dado cuenta antes ni sepas cómo ocurre.

Se comporta como otras funciones en tu cuerpo: tu corazón está latiendo, tus riñones filtrando… y así hasta más de cuarenta mil. Aunque no te des cuenta, lo están haciendo por y para ti, para tu supervivencia y la de la especie.

¿Aún dudas de que esto pueda funcionar en tu caso?

Ya conocerás mi historia —la comparto en todas partes—
pero nadie mejor que otras mujeres que hace tiempo estaban como tú ahora para darte nuevas esperanzas, esperanzas reales de que hay una causa y de que **¡se puede!**

Ejemplo de otras mujeres que lo han conseguido a pesar
de las dificultades, de parecer imposible y de haber hecho
lo imposible para conseguirlo.

Eternamente agradecida a todas ellas, que nos sirven de
inspiración.

Hay *collage* de fotos de estas mujeres en mi web:
https://www.patriciabartolome.com/lasleyesdelafertilidad/
creadoras

Yo pude, ellas pudieron, TÚ PUEDES

¿Y ahora, qué?

Tal vez estés pensando qué hacer ahora, por dónde seguir o empezar en tu caso.

Realmente espero que te lo estés planteando, porque eso significa que se han agitado tus memorias y que eres más consciente acerca de dónde puede estar el origen del problema.

Tienes la opción de dejarlo aquí y seguir igual, casi seguro con los mismos resultados…, o continuar investigando y cambiando lo que te bloquea.

En mi canal de *youtube* encontrarás decenas de vídeos y contenido gratuito que te ayudarán. Y si deseas hacer una inmersión profunda, pongo a tu disposición el programa completo de "Las leyes de la fertilidad" (de pago). Consulta en qué consiste en la siguiente página:

https://www.patriciabartolome.com/lasleyesdelafertilidad/

Si continúas con tus rutinas de tests, posturas, piernas en alto, dietas, hierbas, pruebas, tratamientos... en busca de un sueño que no se hace realidad, produces un daño mayor y un nuevo problema que yo he llamado el *síndrome del embarazo bloqueado*. Es decir, que el hecho de no entender por qué no puedes tener un hijo y no conocer la verdadera causa desde el principio hace que te empieces a castigar, a creerte culpable e incapaz, a deprimirte, a estar mal físicamente, a mantenerte en un estado emocional y energético bajo, a pasarte de importancia hasta convertirlo en obsesión, a culparte, quejarte, castigarte...

¿Lo ves? Mientras no busques la raíz de tu bloqueo y le pongas remedio, entrarás en un bucle del que te costará salir y no hará sino crearte un problema añadido.

Tu infertilidad tiene un sentido, el que le ha dado tu biología: consiste en la solución (inconsciente y aparentemente equivocada) a un conflicto muy profundo que es el que debes descubrir y sobre el que debes actuar para obtener un resultado diferente.

Y por supuesto, puedes hacerlo sola o con ayuda.

Todas las mujeres y hombres del mundo deberían tener un **terapeuta mentor especialista en fertilidad** para tratar estos temas cuando toman la decisión de ser padres.

Fundamentalmente, por dos razones: una, porque alguien que ha pasado por lo mismo y ha acompañado a miles de personas en un proceso similar, cuenta con un conocimiento y con una experiencia que abren puertas y encuentra salidas que otras personas ni siquiera consideran; y dos, porque a uno mismo le resulta difícil reconocer su propio problema, aunque los demás sí lo vean (como al poner las gafas en la cabeza, que cualquiera las ve excepto quien las lleva).

De modo que si necesitas ayuda, ¡aquí estoy!

www.patriciabartolome.com

Preguntas y dudas frecuentes

Yo no creo en "eso"

¿Y qué es "eso" en lo que no crees? Te he hecho dudar con la pregunta, ¿a que sí? El mío no es un discurso sectario, no predico una fe ciega ni tengo una fórmula mágica. Te quiero ayudar con tu problema, y en primer lugar te explicaré qué es "eso" en lo que dices no creer.

Consiste en una terapia que lo que hace es unificar las cuatro partes que conforman el ser humano:

— La parte física, el cuerpo, que en ocasiones pensamos que se estropea, y en realidad lo que le pasa es que está atendiendo a otras cosas. Esta parte, como las demás, hay que cuidarla (con alimentación, ejercicio, medicamentos necesarios…).

— La parte mental, la que piensa de forma consciente (en un 5 %) y de forma inconsciente (en un 95 %), que funciona incluso cuando estamos dormidos.

— La parte emocional, que cada uno expresa de una manera diferente. Eso sí: cuando no se expresa, queda grabada en nuestro cerebro; el cerebro, a su vez, manda una señal a nuestro cuerpo, y nuestro cuerpo responde con un síntoma. Por tanto, la respuesta del organismo refleja un conflicto emocional no expresado.

—La parte energética, cargas positivas y negativas que se mueven y cambian según como se encuentre nuestro estado físico, mental y emocional, y crean un campo electromagnético. En esta parte física también se puede hacer una modificación, a través del trabajo en diferentes frecuencias.

Yo no invento nada con mi método. Tal como te lo expongo, funciona la naturaleza humana, y de ello da cuenta también la ciencia que conocemos: nuestros pensamientos y nuestras emociones repercuten en nuestra biología. E incluso podemos heredarlos.

¿Qué ocurre? Que solo vemos la punta del iceberg, el síntoma, y actuamos sobre él, a menudo sin resultados satisfactorios. Lo que yo hago es mirar más adentro, indagar en la información inconsciente que ha motivado esa reacción del organismo, y al encontrarla, cambiar su sentido; en consecuencia, cambiará también la respuesta biológica.

¿Esoterismo? ¿Ciencias ocultas? No. "Eso" en lo que dices que no crees no es otra cosa que el cuerpo humano. Unas partes se ven, otras no. Unas funcionan a tu voluntad, otras no.

A veces es necesario creer en lo que no se ve para crear lo que se ve.

Si empiezo a interesarme y a practicar terapias de este tipo, pensarán que estoy loca.

Cuando sabemos que no solo las propias emociones, sino que las heredadas también nos influyen, nos planteamos rastrear en nuestro árbol genealógico, preguntar a familiares… Sin embargo, algo nos detiene: van a pensar que estoy loca, les sorprenderá por qué me propongo remover el pasado, les parecerá una bobada, se enfadarán… La verdad: nosotras mismas nos ponemos trabas, por la razón que sea. ¿Miedo a encontrar lo que no deseamos? ¿Vergüenza?

Te aseguro que cuando te adentras en ti misma y en las historias de tus antepasados, sales reforzada y liberada, porque todo bloqueo necesita ser desactivado. Tan pronto como lo consigues, conjuras el sufrimiento, sanas tu alma y te reconcilias con tu clan. Porque su inconsciente y el tuyo están conectados y lo saben todo.

¿Qué puedo hacer si el problema lo tiene mi pareja?

Empieza por preguntarte por qué has elegido a esa pareja, una elección que aunque te parezca casual, no lo es.

En realidad, los seres humanos buscamos a las personas complementarias que nos permitan corroborar nuestras creencias, experiencias o necesidades e informaciones inconscientes.

Por tanto, si la dificultad para tener hijos reside en un problema de infertilidad de tu pareja, en ambos existe un bloqueo que debéis resolver. Te aseguro que vas a descubrir causas que te sorprenderán, pero te darás cuenta de la lógica aplastante sobre la que se sostienen.

Asimismo, en el programa de fertilidad hay consultas para hombres, para la pareja, que os van a ayudar a desbloquear la verdadera causa por la que el bebé no llega. Además, podéis realizar juntos los ejercicios que incluye el programa, utilizar los audios de la terapia subliminal, cuidar la alimentación (ello contribuirá a mejorar la calidad de los óvulos, el endometrio y el esperma) y trabajar en conjunto.

Tengo baja reserva ovárica o mala calidad de los óvulos. ¿El programa me puede ayudar a mejorarla?

Sin duda. Te explico por qué y cómo:

En nuestra biología no solo influyen factores físicos u orgánicos, sino que hay una serie de mecanismos a nivel inconsciente que están dando respuestas fisiológicas. Sabemos que a lo largo de la edad fértil podemos concebir, y sabemos también que la reserva ovárica disminuye con el tiempo. Pero si tú conviertes esta evidencia en una amenaza, ahí creas un bloqueo.

Entonces, tendrás que preguntarte por qué te afecta de esa manera, trabajar con el conflicto diagnóstico, recuperar la lógica biológica y, sobre todo, aumentar la calidad de esos óvulos que te quedan (aunque sea baja la reserva) para que sean efectivos y lograr tu objetivo de ser madre.

En ese proceso te acompaña, orienta, apoya y mejora mi método "Las leyes de la fertilidad".

¿Cuándo empezar?

Ya. Lo antes posible. ¿Por qué perder tiempo y oportunidades? Cualquier momento es bueno:

— Si te estás planteando ser madre, para que todo ocurra de forma más rápida, fácil y satisfactoria cuando te pongas en serio.

— Si ya estás intentándolo de forma natural o por medio de algún tratamiento de reproducción asistida, para lograr que funcione lo antes posible.

— Si has tirado la toalla, para buscar soluciones, nuevas esperanzas y encontrarte emocionalmente bien sin esta espinita que a veces se nos queda clavada.

En el caso concreto de la reproducción asistida, recomiendo incluso una mayor inmediatez, porque he comprobado a lo largo de mi ya larga experiencia, que muchas mujeres se quedan embarazadas tras la primera consulta o los primeros ejercicios. Algunas de ellas, tras varios fracasos previos.

¡Y cada intento cuenta!

Créeme, pesa demasiado como para que no nos aseguremos de hacer todo lo posible para que funcione. Algunas mujeres cometen el error de esperar y probar otra IA, FIV, transferencia (o lo que sea en el punto en el que se encuentran), y luego ya si no ha funcionado… a ver si hay suerte con el método de "Las leyes de la fertilidad".

Pero esto significa que no han entendido cuál es la verdadera causa del problema.

¡Asegura tu próximo intento! Es muy duro volver a pasar por lo mismo. Lo sé porque lo viví.

¿Es mejor esperar?

No, nunca. En el momento en el que te propones tener un hijo, debes prepararte mental, emocional, físicamente… lo antes posible, porque también el resultado llegará antes.

El tiempo es oro y corre, así que lo de esperar suena a excusa y a veces revela un bloqueo sobre posibles dudas acerca de ser padres.

Hay un vídeo en mi canal de youtube donde trato este conflicto. Te animo a que lo veas:

https://www.youtube.com/watch?v=7c41b01J_8I&t=3s

¿Espero a ver si funciona el tratamiento de reproducción asistida?

No, no esperes. Cada intento de embarazo, de forma natural o asistida, cuenta. Y si el resultado no ha sido satisfactorio, repercute en nosotras, no solo física sino también emocionalmente. Empezamos a plantearnos si seremos capaces o no, a preguntarnos "¿por qué yo no?"… y de ese modo surge un nuevo bloqueo.

Así pues, no tiene sentido empezar el programa como un último recurso tras el fracaso de otro tratamiento. Porque precisamente hacemos todo el trabajo del programa "Las leyes de la fertilidad" para que tu cuerpo tenga la información correcta y funcione de tal manera que te puedas quedar embarazada.

De hecho, me han consultado mujeres que se habían sometido a varias fecundaciones *in vitro* (hasta diez) sin éxito, y al probar mi método por fin lo consiguieron. Si hubiesen empezado antes, se habrían ahorrado buena parte del desgaste que a todos los niveles significa un proceso tan duro como ese. Y lo mismo con la concepción natural.

Me han dicho que a mi edad puedo tener problemas para quedarme embarazada. ¿El programa "Las leyes de la fertilidad" me puede ayudar, a pesar de ello?

Sí, y lo cierto es que hay mujeres de más de 45 años que se quedan embarazadas. Así que aunque la edad importa, no decide. Necesitamos saber qué nos está bloqueando e impide el embarazo, más allá de nuestra edad. Como cuando alegamos dolor de huesos para no hacer ejercicio. Mentira. Se trata de una excusa. Si hay personas octogenarias que corren un maratón, eso quiere decir que si otras más jóvenes no pueden, en ello intervienen factores de tipo mental, anímico, emocional… que inconscientemente influyen en la respuesta de su biología.

En el programa vas a encontrar ejercicios para tratar este aspecto, aumentar las posibilidades de que logres tu objetivo de ser mamá y vivir el proceso con alegría, sintiéndote capaz.

Mi problema no es de infertilidad, sino que los embarazos no llegan a término. ¿Es útil el programa en este caso?

En realidad, tu problema sí tiene que ver con la fertilidad, porque el aborto también es un problema de fertilidad. Y es la respuesta de tu biología a una información inconsciente. Esa información puede tratarse de una experiencia traumática tuya (o de tu madre o de otro miembro del clan) que haya puesto en peligro la vida durante el embarazo, y como solución para proteger la especie, el inconsciente biológico decide interrumpirlo.

Por tanto, desde el momento en que existe un bloqueo que impide completar la gestación con normalidad, mi método te resultará no solo útil, sino muy revelador.

Quiero probar este método, pero mi pareja no me apoya. ¿Qué hago?

Evidentemente, las parejas nunca van a ver el proceso igual que nosotras, porque las mujeres lo experimentamos en nuestro organismo y ellos no. Desempeñamos papeles complementarios, pero diferentes. Así, por ejemplo, el impacto de un embarazo y de un parto en el cuerpo solo lo conoce la mujer, y a veces un miedo inconsciente puede llegar a impedir la concepción. Seguramente al hombre le resultará difícil entenderlo; a pesar de ello, es muy importante su apoyo y comprensión.

Que no te quepa duda de que estará a tu lado si tomas la decisión de buscar ayuda para encontrarte mejor, vencer tu frustración, recuperar tu motivación y aceptación…, y que querrá verte más feliz, segura y confiada.

En el programa trabajamos la sintonía entre ambos en conjunto; sin embargo, el mayor esfuerzo para resolver tu problema te corresponde a ti, ya que tú vas a alojar el bebé en tu vientre y tú vas a vivir todos los cambios que supone la gestación. Prueba el método y comprobarás los resultados satisfactorios para los dos.

Ellos siempre tienen la misma duda: ¿Cómo puedo ayudarte?

¿No crees que tu pareja quiere que hagas algo que te ayude a estar mejor en este proceso?

¿Cómo llegar al origen del bloqueo si no sé nada de mis antepasados?

Si no consigues quedarte embarazada, a pesar de tus deseos y de tus intentos, es que conoces el origen del bloqueo.

Como sabes, en tu ADN hay información inconsciente de tus ancestros, una información a la que tu biología responde de esa manera. ¿Qué hacer si desconoces tu árbol genealógico porque eres adoptada, por ejemplo? ¿Cómo rastrear el origen del bloqueo en este caso? Tranquila: hay métodos dentro del "método" y se puede investigar. Tu inconsciente lo conoce todo, así que lo podemos averiguar.

Si es tu caso, confía en el programa "Las leyes de la fertilidad".

¿Puedo seguir el programa a distancia?

El programa en su conjunto (consultas, ejercicios, directos, grabaciones, curso…) está pensando para que lo puedas seguir *online* desde cualquier lugar. Lo que hacemos es cambiar toda esa información inconsciente (mental, emocional, energética, biológica…) que está detrás de tu bloqueo e impide tu embarazo, y eso es posible realizarlo a distancia porque no vamos a actuar física y directamente sobre el cuerpo.

¿Qué pasa si no tengo dinero para costear el programa?

Probablemente eso sea una excusa porque en el fondo crees que el programa "Las leyes de la fertilidad" no va a ayudarte. Entonces, tal vez necesites informarte mejor acerca de todo lo que ofrece y puedes conseguir aplicando mi método. Porque te aseguro que todas las mujeres con auténticos deseos de ser mamás son capaces de afrontar el pago, para el que además existen muchas facilidades y modalidades.

O quizás el motivo económico no pretenda sino ocultar un bloqueo que hay detrás y que deberías valorar. El coste de un hijo es mucho mayor que el de este método, de manera que si de verdad estás dispuesta a traerlo al mundo, el importe de "Las leyes de la fertilidad" no debería representar un problema.

Por tanto, piénsalo e interrógate a ti misma sobre la verdadera razón de tu recelo o reparo.

Fin

— *Cariño, esto de echar un polvo… bueno, hacer el amor, mejor dicho… creyendo que a la primera va a funcionar, me acabo de dar cuenta de que no siempre da sus frutos; de hecho, casi nunca…*

Así que vamos a disfrutar de nuestra sexualidad como nunca, para conectar realmente con esa energía creadora. Y mientras tanto, vamos a investigar en nuestra vida dentro de mamá y en nuestros árboles genealógicos, porque mi verdadero problema es que inconscientemente no quiero quedarme embarazada, ¡y no me había dado cuenta!

— *Pero ¿qué dices? Ahora sí que te has vuelto loca del todo…*

— *Ya, te entiendo, porque yo pensaba lo mismo, yo conscientemente también quiero, pero no es nuestra parte consciente la que manda; si así fuese, con no querer tener hijos ya bastaría, no harían falta anticonceptivos.*

Pero me he dado cuenta de que lo que tengo no es solo físico, no es ese el problema. Mi cuerpo funciona perfectamente; es un bloqueo inconsciente lo que hace que mi cuerpo responda así, como en los gusanos, los elefantes, o cuando vomitamos…

¡Y me voy a poner muy en serio a eliminar este bloqueo inconsciente!

Porque estoy segura de que conocer ese origen y resolverlo de forma diferente me va a ayudar a quedarme embarazada.

Además, hasta siento curiosidad…

Podré cambiar el resultado que tengo y, por si fuera poco, esto me ayudará muchísimo a encontrarme mejor a todos los niveles. ¿No es maravilloso?

Voy a actualizar mi programa.

Necesito con urgencia ser consciente de las experiencias inconscientes que tengo grabadas, de las que he vivido y no recuerdo (incluida mi vida intrauterina dentro de mamá), y de todo lo heredado de mis antepasados. Hay algo que está impidiendo mi embarazo, que no llegue a parir o a ser madre de alguna manera, y pienso averiguarlo.

Además de esta conversación con tu pareja, o respuesta, en vez de las que estamos acostumbrados a mantener, como contábamos al principio del libro… sería muy beneficioso que entendiéramos que los hombres y las mujeres lo viven diferente. ¡Sí! ¡Y nunca lo vamos a vivir igual! Así que no lo intentes. Es más fácil comprendernos que convencernos.

Ambos tenéis razón, porque habláis de cómo lo vivís cada uno. Los hombres a veces dicen y creen que ellos son menos emocionales… No es así. Quizás expresen las emociones de otra forma o en otro grado, no pasen por la revolución hormonal de cada mujer durante su ciclo menstrual, claro que no…, pero ese ciclo implica cambios biológicos precisamente para facilitar la concepción; hay que conocerlo y de ese modo entender la vivencia y la emocionalidad que surge de ello, así como de la necesidad biológica femenina de concebir, de gestar, de parir… Hablemos de cómo cada uno lo vive con el otro, y escuchemos atentamente diciendo solo: "Te escucho, cariño. Tengo interés y curiosidad por conocer cómo lo vives tú. Me fascina, aunque para mí es distinto física, mental y emocionalmente. Porque cada uno lo sentimos de una manera en nuestro interior, y no tratamos de cambiar los sentimientos del otro. ¿Te imaginas? Es imposible hacerlo, así que no lo intentes, solo compártelo".

Escucha, aprende sobre tu pareja, comprende lo que necesita y dáselo sin cuestionarlo. Si los dos lo ponéis en práctica, todo cambiará.

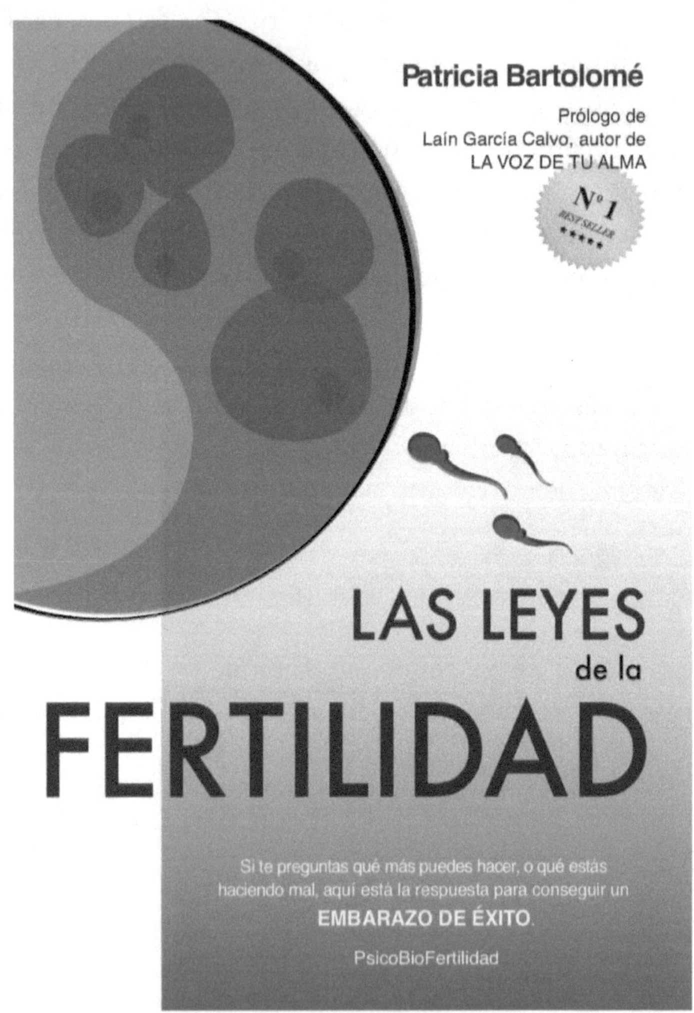

Las leyes de la fertilidad

Patricia Bartolomé

Prólogo de Christian Flèche, autor de
DESCODIFICACIÓN BIOLÓGICA
DE LAS ENFERMEDADES

¿POR
QUÉ
YO NO?

LA RESPUESTA que estás buscando para
TENER UN HIJO, a través de 30 historias reales de éxito

Psicobiofertilidad

¿Por qué yo no?

Patricia Bartolomé

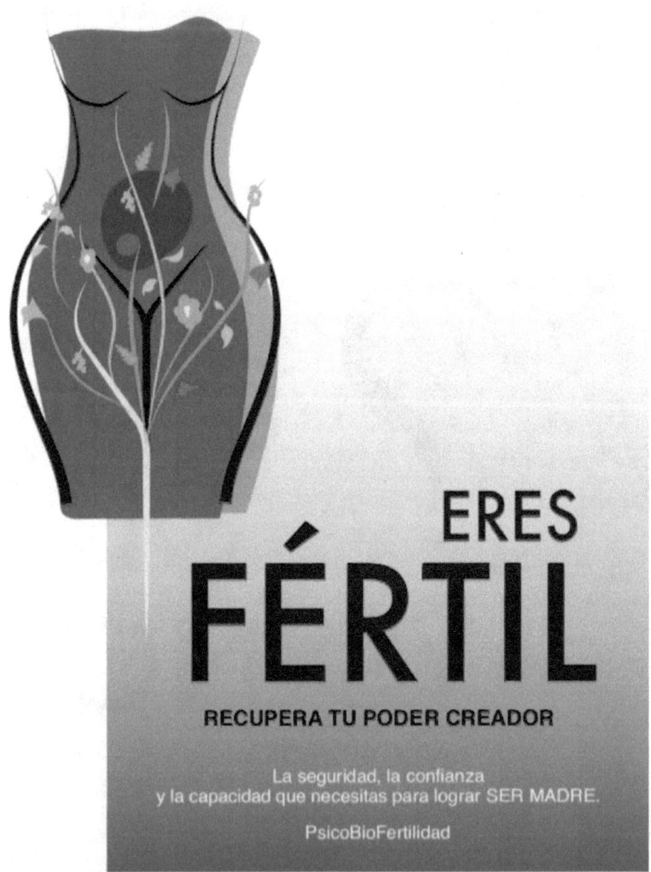

Eres fértil, recupera tu poder creador

Hazte creadora

Creo firmemente que cualquier persona que haya descubierto algo que funciona y que puede ayudar, está obligado a compartirlo con la humanidad.

¿Te das cuenta de que, si yo no hubiera escrito este libro, creado mis cursos y compartido todas las herramientas de que dispongo, tú no estarías leyendo esto hoy?

Además, en el caso concreto de la infertilidad, existe un sufrimiento adicional por la soledad con que se vive. No lo compartimos, no lo hablamos, no lo contamos… Te preguntan: "¿Para cuándo?", y tú te quedas callada, encerrada en tu dolor.

¿Sabes cuál es la única forma de acabar con este tabú? Que todas le demos un vuelco y lo convirtamos en un problema como otro cualquiera. ¿Cómo sería tu vida si pudieses hablar de ello igual que de una alergia o de una lumbalgia? Nos ahorraríamos tanto dolor, compartiríamos tanto conocimiento, tantos momentos, tanta sabiduría… que de repente la soledad se transformaría en compañía, en comprensión, en ayuda, de manera que una parte del problema se mitigaría.

Un día, en una conferencia, oí que un tema considerado tabú no está en equilibrio con la sociedad, y por tanto tampoco en orden con los seres humanos, así que para recuperar el equilibrio yo me he propuesto romper con prejuicios absurdos. ¿Te unes a mi causa?

Te animo a que colabores conmigo en mi misión de ayudar a todas las mujeres que tienen dificultades para quedarse embarazadas, porque tú y yo, juntas, podemos hacer mucho por ellas. Cuando las arañas se unen pueden atar al león.

Cuando yo estaba como tú, me sentía muy muy sola. Es uno de los obstáculos más grandes con los que nos encontramos en esta búsqueda de la maternidad: la soledad con la que vivimos el proceso.

Te aseguro que conozco muy bien la angustia por la que pasas o has pasado, pero todo lo que te cuento en mis libros logró transformar mi vida, mi persona, mi cuerpo y mis resultados. Logré ser madre, y sobre todo disfrutar y aprender mucho del camino hacia el objetivo.

Si te ha gustado lo que has descubierto, lo que has aprendido y los cambios que has obtenido, y crees que puede ayudar a otras mujeres como tú y como yo, dalo a conocer. ¿Cómo? Tienes muchas formas de hacerlo:

— Valora el libro o deja tu testimonio en mi página *web* o en las redes sociales de Patricia Bartolomé.

— Hazte una foto con este libro o copia un fragmento del texto de este libro y compártelo (indicando la fuente de la que lo has obtenido).

— Envíame por *e-mail* cualquier cambio, descubrimiento, sugerencia o testimonio que pueda ayudar.

—Recomiéndalo o regálaselo a alguien. Piensa en mujeres a las que les puede venir bien. Quizás estén pasando por lo mismo o quizás pronto se plantearán ser madres… ¿Y si esa mujer cumple su sueño por tu pequeño acto de ayudar y compartir?

Eso sí: compartir no es reproducir. No fusiles el contenido, no redistribuyas este libro o alguna de sus partes a terceros sin previa autorización. Es ilegal, y no solo te traicionarías a ti, sino también al universo. No piratees mi sueño de ayudar; el *karma* es más poderoso que tú y que yo, y puede piratear el tuyo. Tengo dos historias muy curiosas al respecto, pero no son objeto de este apartado; te las contaré en otra ocasión.

Si conoces a otras mujeres que no logran ver cumplido su deseo de ser mamás, cuéntales que estamos creando una comunidad donde nos sinceramos, nos apoyamos, resolvemos dudas del libro y nos llenamos de energía para conseguir el objetivo. Escríbeme y te explico cómo pertenecer a este grupo. Recuerda que un grano no hace granero, pero ayuda al compañero.

Y probablemente te preguntes: "Hacer esto…, ¿a cambio de qué?". No lo sé, tal vez a cambio de que el universo te ayude a ti, quién sabe… Lo cierto es que la vida es un bumerán, aunque no siempre lo que damos vuelve a nosotros de la misma forma o de la misma persona; pero si das, recibes. ¡Prueba!

Yo tengo esta rara manía de compartir lo que me ha ayudado. Ya conoces la ley del movimiento: dar... recibir... crear... **la vida está en movimiento**, muévete tú también, no te quedes parada, no bloquees la energía, ¡muévela!

Además, practico un principio desde hace varios años: donar el 10 % de todo lo que recaudo con mi trabajo y mis libros para ayudar a otras causas, a ONG y a más mujeres a superar sus problemas de fertilidad, a investigar su origen, con el propósito de acabar con este sufrimiento. Así que como cuando uno pide, el universo le da, te pido que me ayudes. Con nuestra experiencia y nuestros resultados podemos ayudar a más.

Decidas lo que decidas, gracias.

"Las grandes oportunidades para ayudar a los demás rara vez vienen, pero las pequeñas nos rodean todos los días".

Sally Koch

Nuestras colecciones

Guías para todos aquellos que deseen ampliar sus conocimientos sobre asuntos específicos, grandes personajes, épocas, culturas, religiones, etc., ofreciendo al lector una amplia y rica visión de cada una de las temáticas, accesibles a todos los lectores.

Guías para gestionar con éxito un negocio, vender un producto, servicio o causa o emprender. Pautas para dirigir un equipo de trabajo, crear una campaña de marketing o ejercer un estilo adecuado de liderazgo, etc.

Guías para optimizar la tecnología, aprender a escribir un blog de calidad, sacarle el máximo partido a tu móvil. Orientaciones para un buen posicionamiento SEO, para cautivar desde Facebook, Twitter, Instagram, etc.

Guías para crecer. Cómo crear un blog de calidad, conseguir un ascenso o desarrollar tus habilidades de comunicación. Herramientas para mantenerte motivado, enseñarte a decir NO o descubrirte las claves del éxito, etc.

Guías prácticas dirigidas a la salud y el bienestar. Cómo gestionar mejor tu tiempo, aprenderás a desconectar o adelgazar comiendo en la oficina. Estrategias para mantenerte joven, ofrecer tu mejor imagen y preservar tu salud física y mental, etc.

Guías prácticas para la vida doméstica. Consejos para evitar el cyberbulling, crear un huerto urbano o gestionar tus emociones. Orientaciones para decorar reciclando, cocinar para eventos o mantener entretenido a tu hijo, etc.

Guías prácticas dirigidas a todas aquellas actividades que no son trabajo ni tareas domésticas esenciales. Juegos, viajes, en definitiva, hobbies que nos hacen disfrutar de nuestro tiempo libre.

Guías para aprender o perfeccionar nuestra técnica en deportes o actividades físicas escritas por los mejores profesionales de la forma más instructiva y sencilla posible.

Autores para la formación

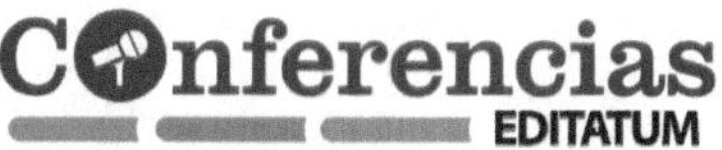

Editatum y GuíaBurros te acercan a tus autores favoritos para ofrecerte el servicio de formación GuíaBurros.

Charlas, conferencias y cursos muy prácticos para eventos y formaciones de tu organización.

Autores de referencia, con buena capacidad de comunicación, sentido del humor y destreza para sorprender al auditorio con prácticos análisis, consejos y enfoques que saben imprimir en cada una de sus ponencias.

Conferencias, charlas y cursos que representan un entretenido proceso de aprendizaje vinculado a las más variadas temáticas y disciplinas, destinadas a satisfacer cualquier inquietud por aprender.

Consulta nuestra amplia propuesta en www.editatumconferencias.com y organiza eventos de interés para tus asistentes con los mejores profesionales de cada materia.

EDITATUM

Libros para crecer

www.editatum.com